JE N'AI PAS TRAHI

Frédéric Couderc est l'auteur de plusieurs romans. En parallèle de ses activités de romancier, il enseigne l'écriture auprès de différents publics au Labo des Histoires et au sein du programme l'Ami Littéraire de la Maison des Ecrivains et de la Littérature. Père de 4 enfants, il voyage autour du monde avec sa tribu.
Enquêteur littéraire, il aime ancrer ses fictions dans un contexte historique et place ses intrigues dans des pays meurtris tels que le Cap, où il a longtemps vécu, mais aussi La Havane et, plus récemment, l'Argentine avec son roman *Aucune pierre ne brise la nuit* (2018), chez Héloïse d'Ormesson. Son cinquième roman, *Un été blanc et noir* (2013), a reçu le Prix de littérature populaire.

FRÉDÉRIC COUDERC

JE N'AI PAS TRAHI

POCKET JEUNESSE
PKJ·

Directeur de collection : Xavier d'Almeida

Loi n° 49-956 du 16 juillet 1949 sur les publications destinées à la jeunesse : juin 2019

ISBN : 978-2-266-28797-5
Dépôt légal : juin 2019

Pour mes nièces Angèle et Mathea, à la constellation
des êtres et des rivages qui me font aimer la Corse.

« Où habitaient les 11 458 enfants Juifs envoyés de France vers les camps de la mort entre 1942 et 1944 ? À part la Corse, pas un département n'a été épargné. »

Serge KLARSFELD, *Corse Matin*, 4 juillet 2013.

Enfants de la citadelle / Qui s'aiment et
se chamaillent / Au soleil / Vivez heureux
aujourd'hui / Demain il sera trop tard
(...) Le jour s'est levé à Paris / Mes pensées
s'envolent vers Calvi / Dans la citadelle
de mes amis.

Jacques HIGELIN, La ballade de chez Tao

SALOMON, 1943

AJACCIO

– Ouvrez ! Milice !!

Francette se figea en présageant le pire. Ses parents se trouvaient à Bastia pour deux jours. Il ne fallait surtout pas se faire remarquer. Ils avaient bien insisté là-dessus.

– Salomon, on se cache ! fit-elle d'une voix un peu rauque.

Dans la vie, Salomon n'était pas aussi méfiant que sa sœur. Ce n'était pas seulement deux années qui les séparaient. Lui affichait un tempérament de feu, elle se montrait maîtrisée et contenue en tout. Mais que faire face aux trois silhouettes en uniformes qui se détachaient sous le soleil d'hiver ? Depuis un mois qu'ils étaient en Corse, les hommes de Mussolini se croyaient partout chez eux. C'était une invasion de chemises noires et pantalons gris-vert bouffants. Une occupation de ceinturons, de bottes de cuir bien cirées et de bérets stupidement vissés sur la tête.

– Ils nous ont vu à travers la vitrine, objecta Salomon. Si l'on passe par la cour, ils vont nous cueillir de l'autre côté. Il faut leur ouvrir. Tu sais bien que les Juifs ne craignent rien en Corse.

Les coups redoublaient contre le verre dépoli. Francette parcourut la boutique des yeux. Ils se tenaient près de la table qui servait à découper de beaux habits comme à Paris. Outre ses deux machines à coudre, l'atelier possédait un petit comptoir pour la vente, un coin pour l'essayage, le buste d'un mannequin de couture, et un grand miroir en pied. Des étagères renfermaient des tissus et des bobines de fil. En dehors des heures d'ouverture, la famille utilisait cette pièce pour manger, lire, se détendre. C'était pratique, car on étouffait vite dans la minuscule arrière-boutique où ils vivaient tous les quatre. Vingt mètres carrés, partagés entre une toute petite cuisine, une pièce d'eau, et deux chambres, chacune de la taille d'un lit double.

Francette contempla un instant son frère. La porte pouvait céder d'un coup de botte. Après tout, autant amadouer les soldats.

Elle se leva en inspirant bruyamment. Salomon admira le trompe-l'œil peint au brou de noix à même ses jambes. À seize ans, c'était presque une jeune femme. Coquette, elle imitait la trace des bas de soie.

Francette fit jouer la clef dans la serrure et tourna la poignée. Elle eut sous les yeux trois Chemises noires, des fanatiques, les pires des troupes d'occupation. Salomon était capable de les injurier à tout moment. Il faisait les choses et réfléchissait après. « Pourvu qu'il reste le plus discret possible », conjura-t-elle en tachant de sourire.

– Bonjour, vous cherchez ? L'atelier est fermé aujourd'hui.

– Tu appelles le patron ?

– Il n'est pas là, mais je peux vous renseigner, c'est mon père...

– Tu sais où je peux le trouver ?

L'homme s'exprimait en bon français. L'air étudiant, le visage fin et pâle rehaussé d'élégantes lunettes rondes en écailles, les cheveux crantés à la brillantine, il portait un manteau de sous-officier. Ses frères d'armes ne lui ressemblaient pas du tout : l'un avait le crâne dégarni, la mâchoire carrée et le ventre bedonnant, l'autre était tout gringalet, un corps en os avec des yeux en colère. On sentait tout de suite que c'était un personnage dangereux, aguerri au combat.

– Mes parents sont tous les deux à Bastia, ils rentrent demain.

– Bon, je dois leur parler. Vous êtes Juifs ?

– C'est interdit ? répliqua Francette avec une expression d'amusement dans les yeux.

– Bien sûr que non ! reprit « l'étudiant » déconcerté. C'est juste que vos parents n'aimeraient pas... Venez, regardez.

Il désigna une inscription peinte dans la nuit juste à côté du panneau vert signalant « Chétrit tailleur » :

Juifs

Francette fit un pas dehors et se planta face aux cinq lettres peintes en blanc. C'était exécuté avec soin, se dit-elle. Cet antisémite avait au moins son certificat d'étude en poche, ce qui n'était pas commun dans le quartier.

Dans ces circonstances, l'appellation valait insulte, bien sûr. Et elle était étrange, car on ne parlait pas de Juifs sur l'île, mais *d'Ebrei di Corsica*, Hébreux de Corse. On était à la fin 1942 : les rafles s'étendaient à toute la France maintenant. Des trains remplis de femmes et d'enfants partaient en direction de l'Allemagne pour des camps mystérieux. Partout, il fallait se cacher, fuir, sauf... en Corse. Ici, les antisémites ne faisaient pas leur loi ; même le préfet sabotait le recensement ordonné par Vichy ! Dans les villages, il se trouvait toujours quelqu'un pour venir en aide aux « touristes » réfugiés qui fuyaient les nazis et les racistes du Continent. La Corse était la seule région de France qui désobéissait. Alors Francette ne comprenait pas vraiment ce qu'elle avait sous les yeux. Elle resta un instant médusée, sans bouger. Ce qui eut le don d'agacer le ventru.

– Chef, on fait quoi ? argua-t-il dans un italien aux sonorités siciliennes. On l'embarque ? Peut-être que ses parents se planquent dans le maquis.

– *Dove sono i tuoi genitori* ? aboya à son tour le tout maigre, le dangereux.

Francette comprenait un mot sur deux. Moins civilisé que leur chef, les deux brutes voulaient savoir où se trouvaient Esther et Gaby Chétrit.

– Ils sont à Bastia, un ami de la famille est mort, finit-elle par lâcher. Mon père récite le kaddish à la synagogue de Rabbi Meir.

Le détail de trop. Ses parents auraient pu faire des courses, se ravitailler au marché noir dans un village de montagne, traquer le sanglier sous les chênes verts et les arbousiers, chercher de la viande de cabri, du lait, des fromages ou encore, visiter des amis à la mer, toutes ces occupations n'auraient pas troublées les deux agités, mais Francette les ramenait au kaddish, cette louange du nom de Dieu vieille de milliers d'années, prière connue pour enterrer les morts.

– Des rats hébraïques, pratiquants en plus, coupa le freluquet.

– Tu as raison, inspection ! se réjouit crâne d'œuf en bousculant sans discernement son chef.

Courageusement, Francette fit volte face et barra l'entrée de son domicile. Elle leva la tête vers ses voisins. Les habitants se terraient chez eux. Elle notait l'extraordinaire absence de bruits autour d'elle.

Les *Lucchesi* – le surnom donné aux occupants –, se révélaient féroces. L'arrestation des élèves d'un village avait débouché sur des menaces de mort et l'interrogatoire de garçons de treize ans à coups de poings. Ailleurs, on déplorait une tentative de viol suivie de l'arrestation de la jeune fille et de son père. Un receveur des postes venait d'être matraqué violemment. Des centaines de patriotes étaient déjà emprisonnés et torturés, dont deux adolescents dans les cachots de la caserne de Bastia. Les Chemises noires de Mussolini, ces cruelles *Camisgie nere*, rivalisaient avec la Gestapo.

– Qu'est-ce que vous cherchez ? dit Francette sans trembler.

– Des tracts du Front national[1] par exemple, se moqua le maigre. Ou des armes parachutées, ou encore un émetteur récepteur. On ne sait jamais avec les Juifs.

Une fois encore Francette comprenait un mot sur deux, mais ça lui suffisait. Découvrant ses gencives dans un méchant sourire, l'efflanqué ajouta en français :

– Gaston a mangé le saucisson et son ami viendra manger la coppa, ça ne te dit rien ?

C'était le code radio des Alliés à destination de la résistance, quand les avions larguaient du matériel dans le maquis. Mais comme ça ne lui disait rien, elle haussa les épaules.

Le torse bombé, le gros finit par bousculer tout le monde, entrer dans la boutique, et se retrouver le premier devant la table où, d'ordinaire, Gaby Chétrit coupait les tissus aux ciseaux. La paire se trouvait juste à côté de Salomon, qui songea immédiatement qu'il pourrait s'en servir si jamais les choses tournaient mal.

Maintenant, tous encadraient le jeune homme. Le regard incendiaire du milicien replet se posa sur lui.

– *Saluto al Duce* ! fit-il avec ironie.

À ce salut au dictateur italien il fallait répondre « *A noi* ! », à nous. Mais pourquoi obéir ? Salomon n'avait aucun penchant fasciste. Et il se sentait si libre...

1. Sans rapport avec le parti d'extrême droite d'aujourd'hui, mouvement de la résistance créé par le Parti communiste français qui regroupa en Corse tous les patriotes, 8760 membres à l'été 1943. Toutes les notes sont de l'auteur.

En même temps, il sentait qu'il aurait des ennuis s'il ne réagissait pas. Francette vola à son secours en se précipitant à ses côtés. Dans son élan, elle imagina une réponse au sarcasme du gros. Naturellement, ce ne pouvait être une courbette à Mussolini. Les Corses vivaient un choc terrible : depuis le rattachement à la France en 1789, l'Île de Beauté n'avait jamais connu d'envahisseurs. Goguenarde, elle récita à toute vitesse :

– Face au monde, de toute notre âme, sur nos gloires, sur nos tombes, sur nos berceaux, nous jurons de vivre et de mourir Français...

– Que dis-tu, *stupida* ? réagirent les deux nerveux miliciens. Tais-toi !

Francette récitait le serment de Bastia. En 1938, vingt mille personnes s'étaient réunies pour proclamer leur fidélité à la France et dire non à l'Italie de Mussolini. Une réponse aux quelques Corses tentés par le rattachement au voisin fasciste.

– Juive, et sans doute bolchévique, ajouta l'efflanqué.

– Non, je suis anarchiste !

Francette avait la langue bien pendue. Son rêve était de devenir vedette à la radio.

– Tu vas saluer le Duce, dit alors le dodu. Allez, le bras tendu.

– Vilain crapaud. Pas question ! Vous mangez trop de spaghetti !!

Le maigre lui prit le bras et la gifla.

– Lâchez-là ! intima le chef.

Chancelante, Francette reprit son équilibre. Personne ne l'avait jamais brutalisée comme ça, et surtout pas son père qui l'adorait et lui donnait du « ma princesse » dix fois par jour.

Le sac d'os l'avait frappée à la joue. Un plat de la main qui la brûlait violement.

Elle haletait, se sentait tout à coup très inquiète. Ces barbares allaient la conduire en prison ? Un moindre mal. Car tout pouvait arriver dans l'atelier. Il suffisait à ces hommes de maîtriser Salomon. Ses vêtements seraient déchirés, des mains remonteraient sur ses cuisses, d'autres étoufferaient ses cris. Un cauchemar monstrueux. Elle regarda fixement le sous-officier pour juger de sa moralité.

Sur le qui-vive, Salomon bondit à ses côtés. Ses yeux allaient de l'arme au ciseau posé sur la table. Francette hoqueta, chercha à retrouver son souffle puis, pliée en deux, vomit sur les carreaux de ciment. « L'étudiant » lui tendit un mouchoir pour s'essuyer. Elle refusa d'un geste.

– Respire à fond, ça va passer, lui murmura Salomon.

Les deux miliciens les plus voyous émirent un ricanement méprisant. On verrait bien au final qui serait le plus fort. Ils tournèrent les talons et, quelques secondes plus tard, l'arrière-boutique s'emplit du fracas de meubles renversés et de tiroirs jetés à terre. Au moins le danger s'éloignait... À grands coups de botte, le gros dévastait la chambre, la cuisine, brisant les assiettes sur le sol, balançant les chaises et déplaçant les lits. Le maigre s'occupait de fouiller l'atelier. Gorges nouées, eux restaient en face du jeune sous-officier passif. Comme un étudiant tourmenté il fumait en silence. D'un air faussement indifférent, Francette finit par lui demander :

– Pourquoi vous faites ça ?

– Vous nous provoquez. Je n'ai pas le choix.

– Vous ne trouverez rien d'illégal ici.

Brusquement, l'obèse revint de l'arrière boutique, l'air triomphant, brandissant des billets. De son côté, le brutal s'emparait de victuailles et de bouteilles de vin regroupées dans un coin. D'un œil sombre, il s'adressa à son chef :

– Pas d'armes chez eux ? D'accord. Mais elle doit nous suivre, il faut la signaler à l'Ovra. Elle sortira libre si elle est une *ragazza* correcte, et non une saloperie de juive bolchevique.

L'Ovra ! La police secrète italienne chargée de traquer les Résistants. Des hommes capables de tout, qui agissaient dans l'ombre, martyrisaient les corps et se couvraient de sang. Ces émules de la Gestapo s'installaient tout juste derrière les murs infranchissables de la Citadelle.

Le chef baissa la tête, comme dépassé.

– Il suffit de revenir plus tard, éluda-t-il, voir ses parents.

– Non chef, poursuivit le gros. On l'embarque, on verra si elle fait encore la belle !

Ses yeux viraient au jaune. Finalement, le sous-officier agita la main pour signifier à ses deux sbires d'encadrer Francette. Salomon s'avança. Mais le canon de la mitraillette se posa sur son torse, le forçant à reculer. Dominant sa frayeur, Francette fit signe qu'elle voulait bien les suivre. Tacitement, elle acceptait le marché : sa capture en échange de la liberté de son petit frère.

En face de la boutique, s'élevait le bâtiment néoclassique du Musée des Beaux-arts, le Palais Fesch. Relevant la tête, Francette le contempla comme si elle le voyait pour la dernière fois. Le sort des Chétrit était bien cruel ! Expulsés de Palestine en 1915, ses parents avaient trouvé refuge en Corse. On les avait si bien accueillis qu'ils s'étaient crus en sécurité pour toujours. Mais ce monde là s'effondrait. Une fois encore la famille devrait fuir pour survivre. Quant à elle... Sortirait-elle vivante de la citadelle ? Et si oui, à quel prix ?

Poussée au seuil de la boutique, elle pria pour retrouver très vite ce quartier qu'elle aimait tant. Malgré sa saleté, sa vétusté, l'âme des lieux sautait aux yeux. La mer était si proche, les personnages qui le peuplait si attachants. D'un coup, elle se remémora l'odeur des châtaignes grillées pendant les fêtes, la soupe au lait sucrée qu'on versait sur les croutons et que les voisins partageaient dans la rue. Un court instant, elle se rappela aussi l'été, la course des hirondelles dans le ciel bleu et le soleil à l'unisson. Elle se sentait aussi épiée. On l'observait à travers les volets légèrement entrouverts.

Les miliciens avaient garé leur Traction-avant noire dans la cour du palais. Le chef indiqua qu'il fallait laisser passer le camion qui se profilait sur la droite. Encore quelques secondes à observer les lieux, se dire que c'était le moment ou jamais...

Le gras la tenait par les bras. Elle pouvait sans doute lui échapper. Durant la course-poursuite, Salomon saurait prendre la fuite lui aussi. Oui, elle pouvait tenter sa chance !

Un premier coup partit. Bing ! Puis un autre. Bing, bing !! Les talons compensés de ses chaussures en bois frappèrent l'un après l'autre le tibia du milicien. Sous la douleur, il se plia en deux, et Francette put s'élancer juste devant le camion, évitant de justesse son pare-chocs.

Elle fila à toutes jambes en direction de la rue des Trois Marie. L'essentiel était de tourner le dos à la place des Palmiers et à la Citadelle. Elle irait ensuite se perdre vers la gare. Là, elle trouverait un moyen de prévenir ses parents. Ensuite elle partirait à la recherche de Salomon. Ils s'en tireraient tous, cachés dans le maquis.

Le cœur battant, elle s'éloignait maintenant du danger. Les miliciens hurlaient loin derrière, si elle continuait ainsi, pas de doute, elle parviendrait à les semer. C'est pourquoi la dernière personne qu'elle croisa crut l'entendre rire. Un rire enfantin qui se moquait du danger. Bien à tort. Car à l'angle des rues Cardinal Fesch et Trois-Marie apparut une moto lancée à fond de train. Tout en courant, Francette tournait la tête pour voir où se tenaient ses poursuivants. Dans un sursaut d'horreur, elle vit l'engin et ne put l'éviter.

Projetée dans les airs, sa silhouette retomba la tête la première sur la chaussée. Le motard fit une embardée, manqua de chuter, mais parvint à se redresser avant de prendre la fuite.

Lorsqu'ils réalisèrent ce qui venait de se passer, les miliciens agitèrent les bras en l'air, hurlant des ordres de dispersion en italien. Malgré tout des voisins affolés sortaient de chez eux et se regroupaient autour du corps recroquevillé par terre. Un cercle se forma autour de la victime.

– Elle est jeune, elle peut s'en sortir ! Vite, une couverture, lança une femme.

Mais il n'y avait plus aucun espoir. Francette gisait le bassin broyé, le cerveau touché. Du sang coulait entre ses lèvres, de son nez, et de ses oreilles. Son agonie ne dura pas plus de quelques secondes. Elle tressaillit et tout fut finit.

Cette horreur, nul n'y était préparé dans le quartier. Une ambulance se présenta sous les lamentations. Comment prévenir Esther et Gaby ? Et ce pauvre Salomon, où était-il ?

Justement.

Cloué à son siège, il avait vu repartir les Chemises noires à bord de leur Traction-avant. Pas de trace de Francette. Brave sœurette, elle avait réussi à s'enfuir ! Il la retrouverait dès ce soir. Quelle aventure ce serait...

Salomon quitta alors la boutique. Une fois dans la rue, il tourna la tête à droite, à gauche. Tout le voisinage convergeait en direction du même point, le carrefour où s'élevait la croix rouge d'un immense véhicule. Il suivit le mouvement sans se douter que ce cortège funèbre l'amenait tout droit en direction d'un précipice.

Son cri d'horreur résonna par-delà le labyrinthe des ruelles jusqu'au port, et peut-être même encore plus loin, porté par les mouettes aux îles Sanguinaires.

Il ne fut plus jamais le même après ce jour où il perdit sa sœur.

1

AJACCIO, de nos jours

La porte de Luna s'entrebâilla légèrement. Sa mère, Garance.

– Ma fille, réveille-toi, il est huit heures.

– J'arrive, encore cinq minutes, s'il te plaît...

Luna poussa un profond soupir. Comme elle dormait mal dans ce village ! Elle ne s'y ferait jamais à ce boucan des scooters et vieilles voitures qui traversaient Villanova ! Dès la nuit tombée, on aurait dit un rassemblement géant de tuning sur la D261, elle en bondissait dans son lit, et vas-y que je te freine, puis que je t'accélère avant le virage de la mairie ! En ville, au moins, il y avait ce flot continu. Et puis... Aux nuits hostiles, succédaient les regards méfiants le jour, les messes basses. Depuis que Garance avait décidé de changer de vie, de les enterrer vivantes dans ce trou, Luna passait les pires instants de son existence. Seule la vue qui portait jusqu'au golf de Lava la remplissait de joie.

Elle se leva, remonta les stores et cligna des yeux. Avant de gagner la cuisine, elle tua quelques secondes à contempler le maquis, les champs d'oliviers et, au loin, les teintes lagons de la Méditerranée. Le calendrier avait beau indiquer décembre, c'était toujours l'été.

La radio vibrait à côté du frigo. Luna aurait aimé entendre de la musique, n'importe laquelle, plutôt que ces infos alarmantes. Ce matin, il n'y en avait que pour le procès d'un berger braqueur à tendance nationaliste arrêté après des années de cavale. La défense demandait l'acquittement. Coupable ou innocent, Luna n'avait pas d'avis. Les nationalistes ? Un truc n'allait pas avec eux, pensait-elle. Leur coupe de cheveux. Tous arboraient une coiffure très courte, presque rasée. Qui irait enfin leur dire que les boucles c'est bien aussi pour les garçons ? C'était vraiment dommage, cette façon qu'ils avaient de se caricaturer.

Garance releva le nez de son café. Luna l'embrassa et s'assit sans un mot. Elle lui en voulait toujours. En général, les Corses se rattachent à deux endroits : le village maternel et le village paternel. Mais ils ne vivaient ni dans l'un ni dans l'autre. Étrangères sur leur île : un comble quand même.

Six mois maintenant que Garance avait quitté son mari. Antoine vivait à Bastia. Il fallait quatre heures de tortillard depuis Ajaccio pour lui rendre visite... et seulement quand la micheline n'était pas bloquée en pleine montagne par les vaches, veaux, et brebis qui s'installaient sur la voie. Tandis que les *pinzuti*[1] s'agitaient à

1. Les touristes, se prononce « pinsout ».

photographier les précipices, Luna dormait emmitouflée dans son manteau. À 1 000 mètres d'altitude, les châtaigniers et les pins larricio faisaient comme des éventails géants, ça caillait toujours là-haut.

Garance, en tout cas, affichait ce matin un air de confiance. Il n'y avait pas que les « évènements », comme elle disait pudiquement pour parler de sa séparation. Sans doute avait-elle besoin de changer. Autour de quarante ans, c'était le moment ou jamais. Elle tirait un trait. Même s'ils formaient un si beau couple, Antoine et Garance Sacheri ! Tout ça était bel et bien derrière eux. Plus question de revenir en arrière. Même si c'était un peu à contre cœur, sans doute qu'une nouvelle Garance allait surgir de l'éloignement d'avec Antoine. Et pour signifier cela, hier encore Garance était rue des Trois Marie, le visage livré aux ciseaux de Franck, un véritable artiste capillaire. Adieu longs cheveux bruns, bonjour mi-long lissé, dégradé, sexy !

– Un peu bizarre ta coupe quand même, fit Luna la bouche pleine. On dirait une animatrice de jeux télé plutôt qu'une journaliste.

– Très aimable, de bon matin ! Dépêche-toi plutôt, tu as quinze minutes si tu veux que je dépose au lycée.

Après une douche et un brossage de dents express, mère et fille se trouvaient maintenant dans leur vieille Golf cabriolet, direction Ajaccio, à seulement dix kilomètres. France Info hurlait dans les enceintes.

– Qu'est-ce qu'il y a Luna ?

– Non rien...

Luna voulait dire à sa mère qu'elle se trompait dans son envie de tout savoir sur ce qui se passait aux quatre coins du monde. Ce truc d'allumer à fond la radio cachait une angoisse du vide. Comme la lecture compulsive qu'elle avait des journaux et des magazines. Elle avalait toute l'actualité, consommait les infos en perfusion. Après tout c'était son problème, mais Luna constatait que tout l'électrisait, la passionnait sans espoir d'apaisement. L'idée de rater quelque chose la rendait dingue. Avec Internet, ça prenait maintenant des proportions sidérantes.

– Je trouve qu'ils répètent toujours la même chose. Pas toi ?

N'avait-elle pas quelques mystères à découvrir tout proches, dans sa propre vie par exemple ? Ne devait-elle pas lever des malentendus avec son mari, enfin son ex ? C'était quoi cette habitude de ne rien demander aux autres ? Pourquoi cette règle de ne jamais crier au secours ? Ne voyait-elle pas qu'elles galéraient, toutes les deux ? Luna adorait sa mère, mais ce que ça pouvait être exaspérant cette façon de se montrer si souvent susceptible, fière, orgueilleuse...

Le changement de lycée représentait une épreuve pour Luna. Il fallait tellement de temps pour s'intégrer. C'était une vraie pression. Elle se sentait si observée depuis la rentrée... Il y avait quelques règles à respecter pour se fondre dans la masse, mais comme elle ne se montrait jamais complice de la guérilla anti-profs, qu'il y avait toujours un ressort caché dans son cerveau pour décrocher des bonnes notes à la pelle, que les adultes en général louaient sa motivation, son efficacité, eh bien, pour beaucoup de filles elle était simplement à baffer.

Même son prénom prêtait à confusion. Rien à voir avec la lune, précisait-elle, c'était une variante d'un prénom hawaïen. Luna se traduisait là-bas par « heureuse ».

Sauf qu'elle ne l'était pas, heureuse. À seize ans, elle rêvait d'un copain. Mais elle ne savait pas comment s'y prendre. Et à force de se montrer glaciale, rien ne risquait d'arriver. Depuis peu, c'étaient plutôt des regards d'hommes qui se posaient sur ses grands yeux bleus mélancoliques et sa longue chevelure brune. Elle rougissait en retour et leur lançait des yeux assassins qui n'étaient rien en comparaison de ce qu'elle ressentait. Ces pères de famille la répugnaient.

La Golf se faufilait à présent sur le cours Napoléon. Luna se dévisageait dans le petit miroir du pare-soleil. Son reflet lui renvoyait des yeux vifs, une bouche bien dessinée, un nez droit, des cheveux longs, très bruns... mais aussi, hélas, des joues rondes qui lui donnaient un petit air enfantin. Chaussée de ses boots préférées, elle était ce matin-là habillée d'un slim et d'un simple tee-shirt sous sa veste en jeans.

Garance stoppa devant l'entrée principale du Lycée Fesch, avenue Ramaroni. Mère et fille s'embrassèrent un peu machinalement. Le Fesch, comme on dit à Ajaccio, est une institution. Sans un regard pour la façade ocre et la frise en mosaïques de cet ancien palais, Luna franchit la grille. Elle salua le surveillant toujours un peu sur la défensive, et disparut sous les arcades en direction de la cour. Avec cette manie qu'elle avait d'avancer en levant le menton, cette pose altière, elle ne fit pas attention à Mattéo, qui la suivait souvent un peu partout.

Ce dernier s'arrêta net à la vue d'un graffiti qui s'étalait en lettre rouge sur le mur du lycée, derrière l'arrêt du bus : *Arabi Fora.*

L*es Arabes dehors*, comme l'expression d'une routine.

2

En vérité, Mattéo s'appelait Majid. Son père tenait à ce prénom, mais sa mère lui conseillait de changer selon les circonstances et les interlocuteurs. Petite, elle-même avait continuellement souffert de préjugés racistes. En retirant un jour le « r » de Nadira pour le transformer en Nadia, sa vie s'était retrouvée moins compliquée. Alors, au lycée Fesch, personne ne connaissait Majid et tout le monde Mattéo. Nul n'aurait songé à lui imaginer des ancêtres de l'autre côté de la Méditerranée. Dans sa famille, ils avaient l'air andalous, ou grecs, ou portugais, ou israéliens. Et Tazi, leur patronyme marocain, était suffisamment passe-partout pour sonner italien.

Mais de temps en temps ce grand écart était difficile à gérer.

Arabi Fora.

Mattéo/Majid crispait les poings devant le graffiti. Les autres élèves passaient sans y prêter attention. La formule assassine faisait partie du paysage, poussant comme de la mauvaise herbe sur des bâtiments abandonnés et certains axes routiers, là où elle avait un impact maximum.

Dans sa chair, Mattéo ressentait le slogan comme une agression personnelle. C'était un hasard, bien sûr, mais finalement on s'adressait directement à lui, sur le mur de son lycée. Histoire que les jeunes Maghrébins d'Ajaccio n'aient pas l'idée d'étudier au prestigieux Fesch. Qu'ils vivent dans la trouille. Qu'ils gardent bien à l'esprit de se terrer comme des rats. Qu'ils n'oublient jamais que leurs parents ne sont pas les bienvenus autrement que comme force de travail, « arabe-à-tout-faire ».

Sa colère montait graduellement. Il venait de sursauter légèrement en voyant Luna entrer bonne dernière, comme d'habitude. Et lui encore plus en retard...

Il n'y avait plus personne sur le trottoir vidé de tous les élèves. Fallait-il se précipiter au lycée ou réagir à l'insulte ?

Alias *Mat2A*, Mattéo était un bon graffeur. Il bombait surtout les murs abandonnés d'un bâtiment de France 3, à la sortie de la ville. Des graffs hyper réalistes du Che, de Malcom X, de Gandhi, ou encore de Zidane. Lorsqu'il tombait sur un *Arabi Fora*, il empruntait au *street artist* Combo la formule « CoeXisT » avec un croissant musulman pour le C, une étoile de David pour le X et une croix chrétienne pour le T. Il aimait ce message non-violent, barrait l'insulte en quelques secondes, et proposait cet autre slogan avec son marqueur à peinture acrylique.

Encore une fois, Mattéo tacha de contrôler ses nerfs.

Il avait toujours un marqueur dans son sac à dos, mais il hésitait quand même un peu. Dégrader un mur du lycée l'exposerait à une sanction. En même temps, il savait être rapide et travailler sans coulure. Pourquoi le surveillant derrière la grille remarquerait son geste ? Allez, les trois religions toutes ensembles, personne ne lui en voudrait vraiment...

Une autre idée lui traversa l'esprit. Un truc idiot. Une provocation étrangère à son caractère, pas vraiment drôle. Mais à seize ans, il peut arriver qu'une vague de débilité se dresse face à soi, et que l'on plonge dedans en riant.

Allez, pour une fois... Histoire de venger les Marocains qui s'en prenaient plein la gueule sur les terrains de foot, ceux qu'on servait bons derniers dans les bars et qui n'osaient rien dire, et surtout son grand-père, si élégant qu'on l'eut cru descendre en droite ligne du Prophète, cet Hassan Tazi qui s'était battu jusqu'à Bastia pour chasser les nazis. Durant la guerre, le brave homme avait quitté Casablanca pour s'engager dans un bataillon de volontaires nord-africain. On les appelait les goumiers.

Ses doigts remuèrent d'un seul élan. Sous le pinceau de son marqueur, *Arabi Fora* se transforma en *Arabi gloria*. Et il se mit à sourire devant sa provocation.

Quand il se retourna quelques secondes plus tard, assez fier de lui, le conducteur d'un pick-up cabossé et perché sur des roues immenses avait déjà claqué la porte de son véhicule. L'homme fonçait sur lui, laissant son moteur crachoter dans un bruit de mitrailleuses. Collé au mur, Mattéo eut bientôt face à lui un géant au nez épais, chauve, le pantalon de chasse auréolé de graisse.

– Le gris ! aboya-t-il d'une voix tonitruante. Qu'est-ce que tu fabriques !!

Mattéo resta de marbre. Il y a pas mal de bagarres en Corse. La plupart du temps, des grandes gueules s'affrontent pour des questions d'honneur, comme des coqs dans un poulailler. Pour eux, « l'honneur » est un organe, un autre cœur, d'autres poumons. Mattéo vivait à des années lumières de ces rites ancestraux. Face à la brute il se disait déjà qu'un surveillant viendrait à son secours. Ou un passant. Un crachat vola sur ses pieds. Il fit un pas pour se dégager.

– Tu ne bouges pas le raton ! Tu vas payer cet affront. Tu comprends bien ce que tu as fait ? Tu vas me dire où tu habites. Dans les taudis des Jardins de l'Empereur, je parie. Allez, ton adresse, qu'on te surveille un peu.

– T'as oublié tes gants et ta cagoule noire ! répliqua Mattéo, refusant de se laisser gagner par la peur.

– Oh la racaille ! Tu me provoques en plus ? On est chez nous l'indien. T'as oublié ?

– Piombu[1], tant que ça ! reprit crânement Mattéo. Moi aussi je suis né ici. Je suis chez moi en Corse, que tu le veuilles ou non.

C'en était trop. Deux avant-bras puissants plaquèrent sa silhouette menue contre le mur. Matéo devint tout rouge. Une larme coula sur sa joue sous l'effet d'un violent coup de coude dans la poitrine. Il chancela.

– Réponds, ton adresse, que je te tienne à l'œil.

Impuissant, Mattéo ne voulait pas craquer. Il résistait. Rien qu'à imaginer ce type sur son territoire, à renifler

1. Expression ajaccienne, moqueuse, qui exprime l'étonnement.

près de sa mère, près de sa sœur, ça le rendait endurant, courageux.

– Pas question !

– Ah oui ? Alors ça te dit un coup à la carotide ?

Le gorille au crâne rasé saisit Mattéo par le col. Sa bouche toute proche puait le café amer et les clopes fumées à la chaîne. Mattéo eut un haut-le-cœur et ferma les yeux. Rien ne se passa pendant une seconde, jusqu'à ce qu'un vieil homme sortant du supermarché situé juste en face ordonne fermement :

– Tu lâches ce jeune homme et tu rentres chez toi gentiment !

King Kong ne put masquer un petit sourire. Puis il siffla entre ses dents :

– T'en mêles pas *véchju* !

Le rire du patriarche fusa. Il le fixa un court instant et releva le menton pour prononcer une phrase en corse incompréhensible aux oreilles de Mattéo. Instantanément, le grizzli se métamorphosa en toutou. Il lâcha prise et tourna sur lui-même, direction le pick-up noir.

Tout tremblant, Mattéo ramassa son marqueur. Il voulut s'adresser à cet homme qui avait l'air égaré en ville. Il ressemblait à un berger avec ses cheveux aux quatre vents, sa peau frottée au soleil. Avec ce regard obscur qui glaçait jusqu'aux os, aucun troupeau ne devait lui résister.

Mattéo soutint un instant l'œil noir, s'agrippa au nez d'aigle, puis comprit qu'il valait mieux ne pas poser de questions. Il fila tout droit en direction des grilles du Fesch.

Avant de disparaître, le mystérieux sauveur précisa qu'il était un ancien du lycée, il y avait très longtemps, et poussa un énorme soupir.

3

Luna et Mattéo se retrouvèrent côte à côte en cours d'histoire. Filles et garçons ne partageaient pas souvent la même table, mais la place était vide, et le retard du jeune homme ne lui laissait pas le choix pour s'installer.

Luna n'aimait pas être assise toute seule face au prof ; alors ça lui allait, Mattéo. Sans doute parce qu'il était mignon. Et discret aussi. Tout en prenant des notes, il noircissait ses carnets de dessins incroyables.

Maintenant qu'un trimestre était passé, Luna devait reconnaître que les filles de sa classe lui posaient un vrai problème. Elles n'étaient pas comme ses copines de Bastia... Tout un tas de clichés circulaient sur les Ajacciennes : elles ne sortaient jamais sans maquillage, jamais sans portable, jamais sans *spighjetti*, leur paire très onéreuse de lunettes de soleil ; elles allaient à la plage griffée Dolce&Gabbana, bavardes comme des pies, parlaient d'affront à tout bout de champ, n'avaient jamais à cours de rumeurs, que l'on appelaient ici les *putachji*...

Des stéréotypes qui refermaient une part de vérité autant qu'une autre de mensonge pour Luna. Car, honnêtement, elle ne pouvait les appliquer à l'immense majorité des filles inscrites au Fesch. Pour ces enfants d'employés de banque, de commerçants, de bibliothécaires, de profs, de cadres hospitaliers ou territoriaux, l'essentiel consistait à ne pas se faire remarquer et à respecter autrui.

Ni son éducation ni son milieu ne séparait donc Luna Sacheri de ses camarades. Mais elle se confrontait à la notion de bande. Trois ou quatre filles prétentieuses se refermaient sur leur secret, partageaient tout, haïssaient tous, jusqu'à imaginer vivre le restant de leur existence ensemble. Face à elles, Luna se sentait placée en période « d'observation », isolée comme si elle était contagieuse, le temps de voir si on pouvait lui faire confiance. Noël arrivait, les sapins, la jour de l'an, et toujours pas une copine pour lui glisser au réveillon *Pace è Salute per tè*[1],

Mattéo sortit ses affaires en tremblant légèrement. Luna lui jeta un coup d'œil furtif. Bon, la classe en était où ? À explorer l'histoire des Juifs en Corse sous Vichy et l'Occupation italienne.

Le prof d'Histoire s'appelait Louis Martin. Le genre d'enseignant qui travaillait dans la bonne humeur, la convivialité, sourire aux lèvres. Intello, mais l'air sportif aussi. On pouvait l'imaginer grimper les rochers au col de Bavella, un bandana pour retenir ses cheveux longs, sa silhouette svelte et musclée se jouant des parois verticales.

Il préparait ses élèves au Concours national de la résistance et de la déportation. En juin, les lauréats

1. Paix et santé à toi !

grimperaient les marches de la Préfecture pour recevoir leur récompense. Luna se présentait au prix individuel lycée. Elle voulait gagner, car c'était une compétitrice née. D'où sa place au premier rang. D'où sa solitude.

« Corse, île des Justes ? »

Ce serait le thème de son exposé. Elle avait bien réfléchi au point d'interrogation. La légende voulait qu'aucun Juif n'ait été déporté de l'île pendant la guerre. La solidarité et la protection l'avaient emporté sur les dénonciations et les bassesses en Corse. Mais Luna ne voulait pas seulement recopier internet et les sites qui vantaient l'attitude héroïque des uns et des autres.

La voix très grave de Louis Martin se fit entendre dans la classe. Ce matin-là, il enseignait deux heures d'affilées. Il lui importait d'équilibrer sa matière entre cours magistraux, témoignages et devoirs sur table. C'était plus vivant pour les élèves. Toute la classe échangeait, discutait, débattait. L'histoire vécue rapprochait chacun de la terreur subie.

– Je vais commencer par Madame Ninio, une personnalité de la communauté juive de Bastia. Je passe sur l'arrivée des Italiens, l'arrestation de son mari, et m'attarde sur son témoignage, lorsqu'elle évoque la protection, je cite, « organisée par tous les villages corses à l'égard des Juifs. Ils nous ont protégés, ils nous ont aidés... ». De même, voici l'extrait d'une correspondance d'après-guerre. Un réfugié se souvient d'un certain Casanova qui l'a caché avec sa famille dans le village de Pietrabugno. « Quand vous nous avez reçus », écrit-il, « vous avez prononcé cette phrase ô combien réconfortante : ici, vous ne mourrez de faim qu'après nous ! »

Sans avoir jamais entendu parler d'Auschwitz, bien sûr, la population a protégé les Juifs étrangers ou réfugiés de Marseille, appelés « touristes », autant que les natifs de l'île. Quand la chasse s'est étendue à toute la France, pas une étoile jaune n'a été portée en Corse ! Pourtant, il y avait un occupant pour deux habitants sur l'île.

Louis Martin appuyait son cours sur des recherches aux Archives départementales de Corse du sud. Un collègue tenace et intuitif venait de révéler que le recensement des Juifs exigé partout en France par le gouvernement pétainiste avait été volontairement saboté par le Préfet en place. De nombreux témoins se souvenaient d'une violente altercation avec son secrétaire général qui défendait Pétain. « Il est devenu fou », avait argumenté le brave homme, « si on en livre un, il faudra donner les autres et ceux-là, c'est sans retour. » Seul un malheureux Allemand expulsé d'Ajaccio pour Marseille avait été déporté.

Le monologue professoral se poursuivit un bon quart d'heure dans un calme olympien, jusqu'à l'intervention de Mattéo.

Les battements de son cœur recouvraient un rythme normal. Les menaces du gorille s'effaçaient et la douce sensation d'être assis à côté de Luna l'apaisait. Un peu pour faire le malin, il leva donc la main et se lança dans une interprétation de ce qu'il venait d'entendre :

– Monsieur, vous dites que les villageois cachaient des Juifs, qu'ainsi ils protégeaient une religion, une minorité. Je crois qu'ils se moquaient bien de leur croyance ou de leur passeport. En Corse, nous avons protégé les persécutés depuis la nuit des temps. Il y a chez nous une tradition d'hospitalité et d'accueil...

L'inscription *Arabi Fora* hantait encore Mattéo. Ce racisme affiché le révoltait, mais il se disait en même temps qu'à l'exception d'une minorité d'agitateurs la Corse n'était pas plus raciste qu'une autre région française. Une époque de repli sur soi, de rejet et de xénophobie n'allait pas effacer des siècles de vivre-ensemble. Pas question de céder le terrain à une bande de losers.

Un brouhaha suivit sa remarque. Tous ne partageaient pas sa remarque, la fameuse « tradition d'hospitalité » était un cliché fermement débattu en Corse. Luna se tourna vers Mattéo et à son tour lui lâcha dans un étonnement un peu moqueur :

– *Piombu*, tant que ça ! ?

Louis Martin reprit la main en distribuant les photocopies d'un journal fasciste de l'époque : *La Dépêche Corse*. Chaque élève put lire alors une prose nauséabonde qui se demandait pourquoi Vichy ne révoquait pas le préfet et affirmait que les Corses étaient réduits en esclavage par les Juifs et les Francs-Maçons, lesquels noyautaient l'administration. Du pur délire. Les malheureux, à l'époque, en étaient plutôt réduits à craindre les baraquements de Drancy, Beaune la Rolande ou Pithiviers, antichambres des camps de la mort.

– Monsieur, demanda Toussaint, avachi au milieu de la classe, il y avait combien de collabos en Corse ?

– Ouvertement, ils n'étaient pas très nombreux. Un peu moins de quatre cents, toutes mouvances confondues. Les leaders du PPF, le Parti Populaire Français pro nazi, ne réunissaient qu'une trentaine de personnes dans les meetings. Ils étaient des milliers à Nice ou Paris. Mais l'échelle n'est pas la même. La Corse ne comptait qu'un peu plus de deux cent mille habitants à l'époque.

Nouveaux murmures pour couvrir ce dernier point. Du fond de la classe, fusèrent même quelques « Paris, on t'enc... ». Louis Martin fit semblant de ne pas entendre.

– Et à Ajaccio ? stria une voix masculine qui n'avait pas mué.

– Eh bien, mauvaise nouvelle ! Il y avait beaucoup plus de membres du PPF à Ajaccio et Corte qu'à Bastia. Des traîtres qui n'ont pas hésité à dénoncer des résistants. Une quinzaine de garçons ont même adhéré à la LVF, la Légion des Volontaires Français contre le bolchévisme. Ils sont partis combattre aux côtés des Allemands sur le front de l'Est.

Louis Martin sourit faiblement. Mine de rien, il entaillait ce mythe d'une Corse héroïque, ses habitants tous résistants, debout pour lutter contre les fascistes et les nazis. Pour lui, les gens d'ici étaient des humains comme les autres. Avec une majorité silencieuse, une minorité de héros et de lâches.

Un silence éloquent accueillait la fin de cette explication. Après un trimestre, ses élèves savaient qu'il souhaitait ainsi regarder les choses en face, qu'à valoriser uniquement un récit épique on prenait le risque de perdre toute vraisemblance. Son île n'était pas si différente, c'était absurde pour des jeunes gens de s'enfermer dans ses particularismes, d'ailleurs il trouvait toujours moyen d'enrichir ses propos d'une pensée universelle, il récitait ce couplet dont il était très fier – personne ne savait si c'était une invention ou une citation –, au point que c'était devenu un jeu. Il commençait et ses élèves n'avaient plus qu'à compléter. Le moment était venu.

– Souvenez-vous, quand des Juifs ont été rassemblés et gardés par les Chemises noires dans le village d'Asco, eh bien, toute la population s'est présentée pour livrer nourritures, vêtements et couvertures au nez et à la barbe des Italiens. *Qui se ressemble s'assemble est un principe de mort. Sortez de vous mêmes, chers amis, pour ne pas étouffer*, n'oubliez jamais ça...

– ... *Préférez les ponts aux murs, épousez le monde*, compléta la classe en chœur.

Il citait vaguement Isaac Newton, en fait, constatant avec toujours autant d'étonnement combien chacun appréciait. On entendait maintenant les bruits de respiration des trente élèves, le frottement des vêtements, le raclement des chaises, et même le gargouillis de quelques estomacs car du réfectoire et des cuisines montaient l'odeur du déjeuner en préparation.

Louis Martin put alors passer à la consigne suivante de son cours, un écrit d'invention.

– Nous sommes en décembre 1915. Imaginez sept cent quarante-quatre hommes, femmes et enfants chassés de Palestine et de Syrie alors provinces ottomanes. Ils sont muletiers, cordonniers, agriculteurs, commerçants ou rabbins. La plupart habitent Tibériade et Alep. Ils ont tout quitté, emportant avec eux la somme de trois livres turques par famille et quelques objets rituels. Quand ils débarquent à Ajaccio, les Corses présents sur le quai conduisent les hommes chez le coiffeur et le tailleur. Les femmes sont de même accueillies chaleureusement, les enfants vont à l'école.

– Ce sont des Juifs qui les accueillent ? grésilla une voix sur les côtés.

– Non, lorsque arrivent les Syrianos, c'est ainsi que l'on va les appeler, il n'y a qu'une vingtaine de familles juives à Bastia, et une seule à Ajaccio. La sympathie populaire se traduit par des dons en produits de première nécessité. Les instituteurs offrent des vêtements sur leur propre paie.

– *Fieru d'esse corsu*, c'est le meilleur pays au monde ! gloussa une gorge féminine.

La moitié de la classe éclata de rire.

– Ils sont logés dans le bâtiment inoccupé de l'ancien séminaire catholique. Chaque famille dispose d'une chambre dans les dortoirs. Une salle spéciale est transformée en synagogue. On prend toutes les dispositions pour que la nourriture soit casher.

– M'sieur, mais à l'époque, les gens sont riches en Corse ? J'veux dire, sans doute qu'ils pouvaient se le permettre. Si aujourd'hui on a du mal avec les étrangers, c'est à cause de la crise, tout le monde galère.

Toussaint parlait cru, reflétant une idée communément admise bien au-delà de l'île. Le riche peut aider le pauvre mais le pauvre à autre chose à faire qu'aider le pauvre. Louis Martin tenait l'occasion d'une belle digression.

– En 1915, la Corse est une île pauvre, reprit-il de volée. Elle subit une grave crise économique et un déclin démographique profond. Elle est passée à côté des révolutions industrielles et libérales malgré les efforts du Second Empire. La misère règne partout. Dis-moi, Toussaint, ce ne sont pas plutôt nos égoïsmes qui nous éloignent des étrangers ? Je veux dire, aujourd'hui...

Une moitié de la classe acquiesça et l'autre baissa la tête. Pensif, Louis Martin profita du moment. Les cris des couloirs, les courses, les sacs qui volaient dans tous les coins étaient bien un crash test à passer avant le cours, mais après... que du bonheur. Ça tenait sans doute à leur âge, aux lycéens, à leur gabarit hésitant entre l'ado et l'adulte. Peu d'entre eux faisaient les malins.

– Bon, à vous de jouer, reprit-il. Ma consigne est simple. Vous êtes un Syrios, vous débarquez à Ajaccio, racontez-moi la suite.

La classe s'exécuta. Beaucoup jetèrent un œil à la mer pour s'inspirer. Cette vue sur la promenade et la plage Saint-François est le privilège de la classe 504, de sorte qu'on passe un peu ses cours en vacances.

Pour Luna, l'exercice fut facile. Dans la peau d'une Syrios, elle rêva d'une réception chaleureuse à Ajaccio, de jeunes filles qui lui prenaient la main, de sourires plutôt que de messes basses à son passage, tout ça en lieu et place d'une série noire qui lui semblait sans fin depuis son arrivée au lycée Fesch. Quand la sonnerie retentit, certains élèves râlèrent qu'ils voulaient finir tandis que d'autres déguerpirent à toute allure.

Deux heures venaient de s'écouler, la matinée prenait fin.

Comme elle était externe, Luna se nourrissait d'un panini dans les environs du lycée. Alors qu'il ne lui avait pas adressé la parole ni jeté un regard de tous le cours d'histoire, Mattéo s'enhardit en dodelinant de la tête.

– Ça te dit de manger ensemble ? On va au parc du Casone ?

4

À moitié aveuglés par le soleil, Luna et Mattéo tournaient le dos au graffiti *Arabi gloria*. Ils gagnaient à grandes enjambées le cours Grandval. Les bancs ne manquaient pas dans le parc de Casone pour manger leur sandwich au soleil, mais Luna eut une meilleure idée que le jardin où Napoléon venait jouer enfant. À la place, pourquoi ne pas opter pour les jardins exotiques de l'ancien palace d'Ajaccio, le Grand Hôtel Continental géré autrefois par le cousin de César Ritz ?

Les palmiers géants, les dorures et les lustres étincelants qui accueillaient à l'aube du XXe siècle les familles royales européennes en quête d'une « station d'hiver » étaient maintenant réservés à la Collectivité de Corse et ses élus. Les lieux ne se visitaient pas. Mais Luna savait comment s'y prendre en passant par une porte dérobée située au rez-de-chaussée d'un immeuble voisin. Il suffit d'enjamber la terrasse du Club de bridge Impérial, avait soufflé un jour sa mère journaliste.

Une petite gêne encombrait leur marche sous les palmiers. Luna tachait de comprendre la réaction de Mattéo. Pourquoi cette proposition de déjeuner ensemble ? À force de la voir toute seule, l'avait-il prise en pitié ? L'espace d'un instant, elle eut une pensée plus directe. Il passait aux choses sérieuses. Elle lui plaisait. Et il allait tenter de l'embrasser. Avant ou après le sandwich ?

Pourquoi pas... Mattéo avait vraiment une belle gueule méditerranéenne avec ses longs cheveux bruns en bataille, ses yeux bleus, son nez et sa bouche bien dessinés. Mais il semblait mal à l'aise avec son physique. Quelque chose clochait, sentait Luna. Qui était-il vraiment ? Doué en tout (lycée, foot, graff...), il semblait quand même inquiet, fragile, comme doutant de ce que la vie allait lui offrir. Enfin, peut-être que son imagination lui jouait des tours, car elle se faisait souvent des idées pour pas grand chose.

– J'ai pas trop faim. On se pose tout de suite dans le jardin ?

D'un air détaché, Mattéo allait droit au but. Luna ne s'étonna pas outre mesure. Il y avait foule devant la boulangerie qui nourrissait les externes du lycée Fesch. Elle aussi d'ailleurs, l'estomac contracté, n'avait pas d'appétit.

Face à l'entrée de l'ancien palace, un complexe sportif en contrebas laissait une vue dégagée sur la baie, une centaine de mètres avant que d'élégantes maisons ne bouchent la perspective. Cyrnos Palace, Villa da Gregorio, Villa Costa, Palais Conti : les styles exotiques et les façades bigarrées des hôtels particuliers dominaient la Méditerranée. C'était si majestueux qu'aucun piéton ne résistait au coup d'œil.

– C'est beau ! s'exclama Luna. On a de la chance de vivre ici.

– Tu trouves ? Le cadre est trompeur. Mes parents se défoncent pour un salaire de misère.

– Oui, bien sûr, bafouilla aussitôt Luna. Je parlais de ce quartier. Il y a un siècle c'était le rendez-vous des princes, des comtes, on a même vu l'impératrice Sissi.

– Sissi ? sourit Mattéo qui n'en revenait pas. La princesse du dessin animé ? Ici, à Ajaccio ?

– Oui, et des grands bals étaient donnés juste là, fit Luna en désignant l'élégante façade dorée et le jardin exotique de l'ancien palace. Dis moi : si tu devais taguer quelque chose dans le salon le plus chic, là où les riches Anglais prenaient leur thé. Tu ferais quoi ? Allez, allez, sans réfléchir, vite !

– Un pochoir sans doute, pour me tirer rapidement...

– Vite !

Mattéo prit une profonde inspiration et se lança :

– Heu, pour un palace... Je représenterais une femme très belle, très sexy, style années vingt, et j'écrirais : *Après des histoires à dormir debout, des histoires à coucher dehors.*

C'était brillant. Seul hic : la phrase ne lui appartenait pas. Il la volait à MissTic, une plasticienne qui faisait parler les murs de Paris. Mattéo enviait les jeux de mots de cette poétesse des rues. Lui aussi aimerait se faire un nom, manier la *macagne*[1] avec tendresse et humour. Car quelque chose bouchait l'horizon sur cette île. Il ne voulait pas la quitter, il l'aimait du plus profond de son

1. De Macagnà, moquerie gentille, taquiner.

cœur, mais souvent il se disait qu'il lui faudrait monter à Paris pour grandir, prendre son envol.

Impressionnée, Luna ne sut que répliquer. Mattéo voulut surfer sur son trouble. Autant jouer l'avantage.

Dans sa précipitation, il bouscula légèrement un colosse au téléphone. Il s'excusa vaguement sans vraiment regarder ce gêneur car il allait prendre Luna par la main et traverser la rue en direction de la porte dérobée. Mais, soudain, les quatre cylindres d'une Suzuki 1 200 Bandit le firent tressaillir.

La moto surgit en ombre rasante sur le cours Grandval. Elle venait de la rue Rossi un peu plus haut et dépassait en rugissant la marquise violette du restaurant Liolu. Bientôt, on distingua les silhouettes du pilote et son passager, casques intégraux avec visières opaques, tenues de cuir, incognitos.

Distinctement, Mattéo vit l'homme derrière le conducteur hocher la tête comme s'il répondait à quelqu'un. Ils se trouvaient à hauteur de la guérite de bois et plexiglas signalant l'entrée de la Collectivité. Un homme en costume sortait de là. La moto fit une embardée en sa direction, freinant juste avant le trottoir. Le staccato caractéristique d'une kalachnikov retentit tout près des adolescents, puis encore trois détonations sèches quelques secondes plus tard. Des tirs précis. À la tête. Au torse. Pour atteindre le cœur et traverser les omoplates. La signature d'un tueur surentraîné.

La Suzuki – noire nota Luna –, fit demi-tour et s'enfuit dans un nouveau braillement. L'homme tituba quelques secondes devant eux, le temps d'atteindre un banc placé sous un platane. Là, il s'affala, trembla un peu et rendit l'âme. S'ensuivit un instant suspendu, un moment où personne ne savait quoi faire, s'il pouvait bouger sans jouer sa vie. Alertés par les détonations, la sécurité et les premiers sauveteurs accoururent. Les badauds s'avancèrent et se lancèrent dans un ballet de controverses, d'interrogations et de larges mouvements de bras.

Totalement sidérés, Luna et Mattéo restaient figés sur place, à quelques mètres du cadavre sur le trottoir. Luna tremblait tellement que Mattéo finit par la prendre dans ses bras, un geste doux et naturel de protection. Mais brusquement ses yeux s'endurcirent. Quelque chose lui revenait.

L'homme au téléphone... Le passant qu'il avait maladroitement bousculé à hauteur de la vue sur la baie... Cet homme qu'il n'avait pas remarqué tant son cœur battait fort à l'idée d'embrasser Luna, eh bien, il faisait le guet quelques secondes avant la fusillade... La voix de cette sentinelle lui revenait : « Il sort ». En réponse, le passager de la moto avait répondu d'un hochement de tête... Ces mots, il pouvait de nouveau les entendre, mais surtout, surtout, son visage rappliquait en force. C'était celui de son agresseur, le gorille, juste devant le lycée.

Chancelante, Luna sentit la tension qui envahissait Mattéo. Pâle comme un linge, le jeune homme se demandait si le guetteur, lui aussi, l'avait reconnu.

En Corse, la loi du silence prévaut sur tout. Les règlements de comptes obéissent à d'interminable *vindetta*, des logiques de vengeance ou d'intérêts. Il ne fait jamais bon d'être le témoin d'un guet-apens. Mieux vaut tourner la tête. S'il le décidait, Mattéo pourrait sans problème faire le portrait-robot du guetteur.

Mais ce primate au nez épais, au crâne rasé et au pantalon de chasse auréolé de graisse devait probablement se dire la même chose.

SALOMON, 1943

Salomon aurait préféré que sa sœur repose au cimetière marin, les pieds dans le sable, face aux eaux turquoise de la baie d'Ajaccio. Mais Esther et Gaby Chétrit en décidèrent autrement : ils choisirent le carré Israélite de Bastia, dans le vieux quartier génois de la ville. L'amitié du rabbin l'emportait, comme l'assurance de trouver dix hommes pour dire le Kaddish, la prière millénaires des morts. Faire bloc semblait le plus important.

Dans la petite synagogue de la rue Castagno, les yeux dans le vague, il n'écouta pas un mot de la liturgie. Lavé pour être purifié, le corps de Francette entièrement enveloppé et recouvert d'un drap en lin reposait à même la terre.

Salomon ne ressentait plus aucun devoir d'obéissance. Qui aiderait Salomon à faire son deuil, à réintégrer le chemin de la vie en acceptant le décret du Ciel comme lui intimait sa religion ? Un Dieu Tout-Puissant laissait faire ça ? La mort d'une sœur ? La persécution de son peuple ? Le mal qui se répandait partout sur la terre ?

Les jolies paraboles, les promesses de rédemption, non merci, cette mort était une trop grande injustice. Il se sentait comme amputé. Pourquoi n'avait-il pas fait diversion et couru à la place de sa sœur ? Assommé de chagrin, il regagna en zombi Ajaccio, où il vécut une semaine sur son lit, sans donner le moindre signe de vie au voisinage, à sa classe et à ses professeurs. Lui aussi voulait mourir.

Dans la religion juive, la période de deuil se déroule en cycles de sept jours, trente jours, et un an après l'enterrement. Au premier mois, l'atelier Chétrit vécut dans une douleur si déchirante qu'elle empêchait presque de respirer. Seul Gaby surnageait dans son rôle de père de famille. « Tu n'as plus l'impression d'être vivant », murmurait-il à l'oreille de son fils, « mais tu verras, bientôt tu émergeras de notre cocon, progressivement, comme le papillon tu seras de nouveau prêt t'envoler. »

Le temps cicatrise les blessures, bien sûr, mais il arrive qu'un évènement extérieur renforce aussi l'instinct de survie. Salomon et ses parents durent ainsi affronter un nouveau péril au printemps 1943 : une rafle toucha les Juifs de Corse.

La communauté israélite était essentiellement formée de commerçants ayant pignon sur rue. Ces boutiquiers vivaient à Ajaccio, Bastia, l'Île Rousse, Saint-Florent ou Porto-Vecchio. Les Chemises noires ordonnèrent aux hommes de seize à soixante ans de se présenter au Q.G. italien de chacune de ces villes. Ils avaient deux jours pour se préparer, fermer les boutiques et faire leur valise. L'envahisseur braillait que les hommes

Juifs étaient devenus des « individus dangereux pour la sécurité de l'État ». Il fallait les expulser des zones côtières, les placer sous surveillance dans un village de la montagne.

Convoqué à la caserne Battesti, Gaby Chétrit se vit accorder un délai de quarante-huit heures pour planifier son incarcération. S'il s'enfuyait, des représailles seraient engagées contre sa famille. On avait son nom et son adresse sur les fichiers. Fataliste, il rentra chez lui comme si de rien n'était. À plusieurs reprises, l'Italie fasciste avait refusé de livrer des prisonniers Juifs à son allié allemand. Aussi cruel qu'il pouvait l'être quand un Résistant tombait entre ses griffes, l'occupant italien ne souhaitait pas vraiment imiter ni servir la politique antisémite. Contrôler la Corse, oui, mais s'épuiser à poursuivre un peu partout les Juifs, non. Gaby ne croyait pas à la perspective d'une déportation. On plaçait les chefs de famille sous bonne garde, certes, mais sans intention de les transférer sur le Continent. Le 26 mai, donc, deux jours après sa première visite à la caserne, il fit sa valise précipitamment, laissa des consignes pour l'atelier, et se rendit à pied dans la cour d'honneur par le boulevard Paoli. Voilà comment la porte se referma sur Salomon et sa mère.

Maintenant, ils n'étaient plus que deux dans l'atelier. Cette nouvelle configuration eut pour effet de sortir Salomon de sa léthargie. Il avait grandi d'un coup, c'était lui l'homme de la famille.

– Ils commencent par les hommes, analysa-t-il, mais après il y aura les femmes et les enfants. Ce sera comme sur le Continent. Il faut nous cacher, maman. Sinon ils vont nous expulser de Corse. Et après, ils vont nous mettre dans ces trains qui partent pour l'Est de l'Europe.

Ça bavardait dans le quartier ; Salomon finissait par se demander si les Juifs arrêtés et déportés depuis l'été 1942, soi-disant pour des travaux forcés, n'étaient pas exposés à un sort pire, bien pire.

– Ça n'arrivera jamais ! réagit Esther. Quel est l'endroit au monde où les Juifs ont été mieux accueillis qu'en Corse ? Ton père n'arrête pas de répéter que Pasquale Paoli[1] incitait déjà les Israélites italiens persécutés à s'établir ici. Bien avant lui, il y a eu les Marranes chassés d'Espagne par Isabelle la Catholique.

Tout bien pesé, Salomon devait reconnaître que ses parents avaient raison. Tant que les Allemands restaient minoritaires, tant que les Chemises noires supplantaient les divisions SS, les Juifs pouvaient se sentir à peu près protégés en Corse. Leur sort n'était pas si dramatique.

À commencer par celui de Gaby Chétrit, qui donna des nouvelles par courrier une semaine après son départ.

« Nous ne pouvons pas nous plaindre », disait-il en substance. Il était interné dans l'école du village d'Asco. Les salles de classe servaient de dortoir et la cour de récréation de promenade. Les repas étaient composés d'un petit pain italien, d'un bol de riz et de quelques accompagnements. Pas terrible, mais les geôliers se montraient complaisants avec eux. Ils interdisaient d'avoir des contacts avec la population du village, sous peine de prison, mais le maire entrait comme il voulait. Jamais

1. Héros de l'indépendance Corse.

le moindre SS ne mettrait la main sur eux, promettait l'édile, car il serait averti bien avant leur arrivée, et alors tout le monde prendrait le maquis. « À Asco, on ne parle pas, on ne connait personne, on ne dénonce personne. Si les autorités s'en prennent à un persécuté, on est tous bandits d'honneur », répétait-il sans arrêt. Et la lettre apportait encore une bonne nouvelle : les familles avaient un droit de visite, qu'elles pouvaient honorer dès le dimanche suivant.

En train, Ajaccio se situait à moins de quatre heures de Bastia. Pour Asco, il fallait s'arrêter avant le terminus, en gare de Ponte-Leccia. Salomon et sa mère pouvaient ainsi gagner le village en une demi-journée. À la limite, s'il prenait le premier train à l'aube, un départ le jour même était jouable, mais avec la guerre et les pénuries, le service s'était considérablement restreint. La compagnie de chemin de fer avait remis en service le train à vapeur. Il y avait moins d'arrêts pour économiser le charbon, mieux valait donc partir le samedi, la veille de la visite. Le couvre-feu, une heure avant la tombée de la nuit, brouillait aussi les distances.

À Ponte Leccia, il restait un peu moins de vingt kilomètres à parcourir en longeant la rivière sur la départementale 147 toute neuve. Placé dans un cul de sac au pied du plus haut sommet de Corse, le Monte Cinto, Asco était désenclavé seulement depuis 1938. Nul autocar à l'horizon, leur bourse trop maigre excluant un taxi, mère et fils se jaugèrent en souriant : ils franchiraient la distance en quatre heures de marche, grand max.

Derrière eux, la locomotive recrachait sa fumée. Devant eux, se présentaient un pont génois, des pins laricios et une série de gorges aux contours fantastiques. C'était hostile et magnifique.

– La nature apaise, chuchota Esther après trente minutes de marche, c'est la première fois que je me sens à peu près vivante depuis...

En short et tennis, Salomon regarda sa mère qui plissait les yeux dans la lumière crue du début d'après-midi. Derrière elle, il voyait des prairies vertes s'empiler les unes sur les autres dans un paysage alpin. Aux pinèdes, s'adossaient des chênes et des genévriers. Accrochés aux pentes abruptes, les couleurs bleus du traunato, roses du padro et jaunes du capobianco dessinaient un tableau enchanteur. La marche s'annonçait comme un répit dans leur drame familial.

D'un pas timide, il prit la main d'Esther.

– Allez, ça va aller maman. On avance comme si Francette était là, devant nous, qu'elle nous guidait dans ce voyage.

– Mais elle est là, mon fils ! Si tu savais, je la devine, autour de moi, dans mon cœur, il n'y a pas une minute sans que je ne me sente avec elle. Tu ne l'aperçois pas, toi ? Tu ne ressens pas ce monde invisible ?

Suffoqué de douleur, Salomon choisit de ne pas répondre. Non, sa sœur n'était pas là. Pas du tout.

Gorgé de soleil, la rivière glougloutait sur son lit de cailloux. Partout des rochers faisaient comme les écailles d'un dinosaure géant. Évitant les ronces, ils randonnaient à flanc de ravin. Au terme de deux heures de trajet, une chute d'eau apparut, s'épanchant sur une centaine de mètres. Une nature intacte, comme au premier matin du monde. Tout semblait irréel : la lumière en reflets chatoyants, l'eau en abondance, les oiseaux multicolores, les fougères. Une piscine naturelle permit à Salomon de se baigner un long moment tandis que sa mère se reposait sous les branches d'un châtaignier.

Mais l'ombre de Francette ne les quittait pas. « Bien sûr que maman ne va pas mieux », songeait Salomon, « Elle n'a fait que le bien de toute son existence, et voilà sa récompense ! Parviendra-t-elle à s'en remettre un jour ? À quarante ans elle mérite un futur, de nouveaux jours heureux après la guerre. Peut-être un autre enfant, pourquoi pas ? » Francette adorait ses parents. Salomon était certain qu'elle n'aimerait pas les voir si mal, endeuillés pour toujours, à ravaler leurs sanglots, à ne plus jamais rire, condamner à de pâles sourires.

– Tu dois me prendre pour une folle, relança Esther. À voir ta sœur partout.

– Pas du tout, je comprends, mentit Salomon.

Elle le regarda quelques secondes pour être certaine qu'il croyait à ce qu'elle disait. Sans se demander ce qu'il éprouvait, *lui*, elle l'embrassa encore sur les deux joues. Puis reprenant son baluchon, elle lui fit la leçon.

– Dans le village, attend qu'on te salue. Ne parle jamais à tort et à travers. N'en dis pas trop sur notre vie à Ajaccio. Prend garde à ne pas vexer ces braves gens. Ne fais pas l'homme de la ville, hein ? Nous ne savons pas ce que c'est que de mener des troupeaux de chèvres, cultiver, égorger les poulets, les fumaisons...

Elle jeta un regard à ses mains fines de couturière. Ce qui l'empêcha de voir ce que Salomon avait maintenant sous les yeux. Une dizaine d'hommes armés, qui surgissaient sans bruit.

L'un d'entre eux s'avança dans un balancement robuste et lent.

– Vous montez pour le ravitaillement ?

Depuis le dynamitage par les Allemands du quartier du Vieux-Port de Marseille, les marins corses ne s'aventuraient plus guère sur le Continent. Ces relations épisodiques portaient à conséquence : le ravitaillement de l'île n'était plus assuré, le Préfet réduisait de moitié la ration journalière de pain, les restrictions transformaient les gens en esclaves de leur tube digestif. Torturés par leur estomac, certains suçaient des copeaux de bois de châtaigner pour tromper leur appétit. Cependant, Esther arrivait toujours à se débrouiller, à nourrir convenablement Salomon. Elle se raidit et fit non de la tête.

– Alors, Vous allez où avec ce petit ?

– Asco, reprit-elle, sans vouloir indiquer les raisons de sa visite, avec entêtement, comme si elle avait honte.

– Et qu'allez-vous faire à Asco, alors, si ce n'est pour le marché noir ? Votre homme est arrêté, c'est ça ? Vous n'êtes pas d'ici, pas l'air de garder les chèvres, ça se voit.

– Laissez-nous passer ! s'entêta-t-elle. Je vous en prie, nous avons encore du chemin.

Salomon avait compris plus vite que sa mère.

– Maman, ces hommes sont avec nous !

Les autres s'approchaient. À présent, il voyait une troupe hétéroclite, bretelles de fusils à l'épaule. Le premier homme avait un air un peu rustre, mais les autres portaient toutes sortes d'habits. Ils pouvaient être de la plaine, de la ville, ou des bords de mer. Un jeune instituteur, Salomon l'apprendrait plus tard, s'avança tranquillement vers Esther. Il lui dit :

– Ne craignez rien. Vous n'êtes pas la première à rendre visite à un mari en captivité. Et sachez que vous pouvez compter sur nous. Nous protégerons les Juifs si les SS osent s'en mêler.

Il sourit et poursuivit :

– Nous appartenons à la résistance, n'ayez pas peur.

Les yeux de Salomon s'agrandirent, émerveillés.

– Mais vous ne devez pas rester dans les parages. Nous allons...

– Jean-Do, tu te tais ! interrompit le rustre.

Des parachutages avaient lieu un peut partout en Corse. Soixante zones réceptionnaient des armes larguées par des pilotes venus d'Afrique du Nord où les Alliés avaient pris pied. Un code radio amusant avertissait tout le monde :

« Gaston a mangé le saucisson et son ami viendra manger la coppa. »

Chaque jour, aussi, des jeunes gens réfractaires au S.T.O., le travail obligatoire en Allemagne, rejoignaient le maquis. La vision de cette colonne de résistants bouleversait Salomon. Et lui ? Sa sœur avait été tuée, son père était enfermé. Et il resterait à ne rien faire ? Bien sûr qu'il pouvait se sacrifier pour sa famille. Mais plus il réfléchissait, plus il se sentait prêt à mourir pour la Corse, pour la France. Se dire qu'il aurait un jour la peau du trio qui avait fait irruption dans l'atelier n'était pas suffisant, bien sûr. Il devait lui aussi lutter contre l'envahisseur et rejoindre un groupe de maquisards. Cette force grandissait en lui.

L'instituteur comprit ce qu'il avait dans les yeux.

– Pas maintenant, petit, mais bientôt.

Salomon soutint son regard et mentit sur son âge à voix basse :

– J'ai seize ans, la vie au maquis ne me fait pas peur.

– Je comprends. Mais tu es trop jeune pour nous rejoindre. Par contre, j'aimerais bien que tu descendes ça à Ajaccio.

Salomon se retrouva avec entre les mains le journal clandestin du parti communiste, Le Patriote. Il était imprimé non loin d'Asco, dans une grotte aménagée.

Quand les résistants furent éloignés, il lut le titre de une : *À bas le travail forcé*. La suite était très forte, il en rendit compte à sa mère d'une voix ferme et solennelle :

« *Hitler et Mussolini réclament d'urgence des milliers d'esclaves et de combattants pour essayer d'éviter le châtiment proche. Les valets Pétain et Laval veulent livrer à leurs maîtres la jeunesse de notre pays. Jeunes patriotes corses, vous ne partirez pas ! Vous gagnerez en masse le maquis. Et vous, patriotes corses, hommes et femmes de chez nous, protégez et aidez vos enfants ! Déjà des centaines d'hommes privés de papiers d'identité, de carte d'alimentation, de logis, préfèrent être déclarés hors la loi que d'aller travailler pour Hitler et ses complices. Aidez-les, collectez des vivres et de l'argent, préparez des abris surs. Que votre porte soit toujours ouverte pour donner asile à un patriote, aidez-les, veillez sur eux, aimez-les, ils sont l'honneur et l'avenir de la Corse.* »

Sa lecture achevée, Salomon se redressa d'un geste tout militaire. Oui, Hitler et Mussolini piétinaient tout ce qu'il chérissait. Il sentit qu'à cet instant sa vie prenait un nouveau tournant.

5

– Hé, Luna, ça va ?

Luna secouait la tête. Non, ça n'allait pas. Pas bien du tout, même.

Des larmes lui montaient aux yeux. Mattéo avait beau lui caresser un peu la main (maladroitement), elle était traversée de sentiments violents : de la peur et de la stupeur entremêlées. Ainsi des meurtriers pouvaient se faufiler au cœur de la ville, flinguer quelqu'un parmi les passants, et repartir tranquilles comme dans un western. Dans quel monde vivait-elle ?

– Hé, Luna, ça va ?

Elle leva les yeux vers Mattéo et ne dit rien. Son estomac se retournait. Une envie de vomir, carrément. La scène du crime se situait juste en face d'elle. Traversé de multiples impacts, le corps de Simon Bruni gisait à l'aplomb du banc. Du sang s'en écoulait.

Mattéo lisait la frayeur dans ses pensées. Autour d'eux, des témoins sous le choc s'indignaient : « Il y avait plein de monde. Comment peut-on faire une chose pareille ? Il n'y a plus de limites. C'est inconscient ! »

Il faut se tirer, songeait Mattéo, et en vitesse. Bientôt allaient accourir le Samu, les pompiers, puis la police scientifique, les hommes de la police judiciaire, les techniciens de scène de crime, le coordonnateur des services de sécurité intérieure, le substitut du procureur, le maire, toutes sortes de notables... Des sirènes retentissaient déjà.

– Le quartier va être bouclé, viens Luna. On bouge.

Elle le suivit d'un pas alerte et se retrouva quelques minutes plus tard devant le lycée Fesch. Là aussi, on courait dans tous les sens. Sur le seuil de l'établissement, le proviseur haranguait la foule des élèves. Il souhaitait que se manifestent les témoins du crime, on leur apporterait une aide psychologique à l'infirmerie. Quant aux autres, ils devaient regagner la cour, les sorties aux interclasses resteraient interdites « tant que la scène de crime était en place ».

– On n'a pas besoin d'une cellule de soutien psychologique, jugea Mattéo qui ne voulait pas se faire remarquer. On bouge, on peut attendre en perm le cours de Français.

Luna ne l'écoutait pas. Elle envoya un SMS à sa mère : « Viens tout de suite devant le lycée, j'ai vu la fusillade, j'ai besoin de toi Maman. »

Moins de dix minutes plus tard, Garance apparut là même où elle avait déposé sa fille quelques heures plus tôt. Elle bondit de son siège pour serrer Luna dans les bras. « On rentre à la maison », fit-elle avant de démarrer sur les chapeaux de roues.

Cette exécution choquait tellement Luna qu'elle ne cessa de pleurer entre Ajaccio et Villanova. Un traumatisme profond pouvait naitre de la scène, Garance cherchait déjà quel psy contacter, pourvu que Luna n'entre pas dans une panique incontrôlable, qu'elle n'en devienne plus fragile, s'enfonce dans un profond mal-être. Elle ne se sentait pas de taille à affronter seule sa fille ce soir. Antoine devait débarquer en renfort.

Parvenue chez elle, elle parvint à le joindre sur son portable. Le train représentait une sorte d'atteinte à sa virilité. Ou un déclassement. Aux yeux d'Antoine les transports publics étaient réservés aux jeunes, aux vieux, aux touristes et aux pauvres. Il se glissa dans son Audi A 3 et promit d'arriver en moins de trois heures. Le jet de voitures dans les ravins étant une spécialité insulaire, il jura néanmoins à sa fille de conduire prudemment.

Luna parut soulagée. Elle réclama des granules de sédatif PC pour se reposer dans sa chambre. Garance fouilla dans un tiroir réservé à l'homéopathie et quand elle eut la paix, quand sa grande princesse débarrassée du slim et des boots s'endormit pour une profonde sieste, elle se mit au travail.

Elle était dans un état de fureur absolue. Une colère de mère qui se dit que sa fille aurait pu mourir sous la trajectoire d'une balle perdue. Il était encore temps d'écrire une tribune pour le *Corse Matin* du lendemain. Elle publiait souvent dans ces pages et comptait des copains dans la rédaction. Elle reconstitua le fait divers en un coup de fil à un confrère, Jean-Jo.

Sur les lieux du crime, les enquêteurs s'attachaient encore à recueillir le maximum d'indices matériels. Pour le moment, on avait les éléments suivants. Une Suzuki noire, de modèle 1 200 Bandit, s'est présentée à l'entrée de la Collectivité de Corse, a ouvert le feu à la kalachnikov – les témoins évoquent des silhouettes athlétiques pour le passager comme pour le pilote –, une autre arme a été utilisée, un pistolet automatique brandi par le conducteur à l'arrêt, la victime s'est effondrée, il s'agit de Simon Bruni, dirigeant d'une société de sécurité chargée de la surveillance des docks d'Ajaccio. L'homme sortait d'un rendez-vous avec des élus nationalistes. Les tueurs étaient bien renseignés sur son emploi du temps, comme si quelqu'un à l'intérieur de la Collectivité de Corse avait signalé sa sortie imminente cours Grandval.

Simon Bruni. Garance eut besoin de quelques secondes pour se remémorer les faits d'armes du personnage. Il faisait partie de l'histoire mouvementée de la Corse depuis le début des années 1990. De ces voyous qui ont connu toutes les affres d'une vie violente, les luttes fratricides des mouvements indépendantistes, les dérives affairistes. Il menait grand train, sortait beaucoup et entretenait plusieurs maîtresses. Finalement, le sort d'un tel type lui importait peu. Seul le traumatisme de Luna avait une importance.

Ainsi reposa-t-elle sa cigarette et frappa-t-elle son clavier avec de la rage dans les doigts :

« *Nous vivons dans une société pourrie par l'honneur, le fric et les passe-droits. Les tueurs sont partout et la virilité exacerbée interdit aux hommes de perdre la face, quoi qu'il en coûte. Nous sommes les victimes et bourreaux d'un rapport de force quotidien. La violence fait partie de la culture commune. Je peux compter plus de sept cent personnes assassinées sur l'île depuis 1988. C'est bien facile de pointer la responsabilité de l'État mais, désormais, chacun est imprégné en profondeur par le cycle et la spirale infernale de la vengeance privée. Aujourd'hui, ma fille a été témoin d'une fusillade comme si nous vivions dans un pays en guerre. Il est temps de réagir et de ne plus se murer dans le silence par crainte des représailles. Nous grandissons avec cette horrible expression : acqua in bocca*[1]*. La Corse est hantée par ses fantômes. Il ne peut plus y avoir de motus et bouche cousue entre nous ! Comment les générations futures s'y prendront-elles pour rompre avec de tels comportements...* »

Elle continua ainsi sur plusieurs paragraphes, certaine de ne pas se faire des amis. Mais il le fallait. Ils étaient si nombreux comme elle à ne plus en pouvoir.

Puis Antoine sonna alors à la porte.

1. Littéralement de l'eau dans la bouche.

6

« Mais qu'a-t-elle fait à ses cheveux ? », fut la première pensée d'Antoine.

« Merde, toujours aussi beau gosse ! », fut la première pensée de Garance.

La défiance que se portaient depuis des mois les parents de Luna parut disparaître tout à coup. Une admiration physique toujours aussi réciproque emportait leur colère. Ils restèrent quelques secondes les bras ballants, à ne pas savoir s'ils devaient s'embrasser, se toucher. Luna, qui courut vers son père comme si elle avait cinq ans, les tira de l'embarras.

– Papaaaaa...

Antoine câlina sa fille un bon moment, lui embrassa le front tout en jetant un œil à une maison qu'il n'avait jamais visitée. Il reconnaissait quelques meubles et objets que Garance avait embarqués lors de leur séparation. Mais, dans l'ensemble, c'était d'un moche...

– Tu me montres ta chambre ? Ou tu veux peut-être partir tout de suite à Bastia ? Ça te changera les idées.

Viens passer quelques jours chez moi. Enfin, si ta mère est d'accord...

Garance lui jeta un regard noir. Le trouble était vite passé. Quel balourd, quelle maladresse ! Chez lui ? La phrase qu'il ne fallait pas dire. En compagnie de mademoiselle-la-garce ? Antoine l'avait trompée un an avant qu'elle ne découvre le pot aux roses. Bien sûr une plus jeune qu'elle. Mais plus jolie ? Pas sûr. À ce qu'elle savait, une beauté osseuse, apprêtée, ambitieuse, qui travaillait entre Bastia et Paris pour un cabinet d'avocats d'affaire. Elle s'occupait des restructurations dans les entreprises, c'est-à-dire, la plupart du temps, de licencier des gens. Depuis tant d'années que les usines fermaient les unes après les autres, que ce n'était plus seulement les ouvriers qui trinquaient mais tous, des employés aux cadres, cette façon de tirer les marrons du feu, de se faufiler dans les calamités de la mondialisation rendait Garance complètement dingue.

Et Antoine avait choisi *ça* ? La loi du plus fort ! Pff.... Elle planta le père et la fille et grimpa dans son bureau consulter ses mails. Jean-Jo la félicitait déjà pour sa tribune : il la publiait dès demain.

Luna était déjà retournée dans sa chambre. Antoine la retrouva et se cala en appui sur la fenêtre, dos à la vue qui portait jusqu'au golf de Lava. Sans rien dire, il contempla un instant sa fille assise au milieu de son lit, dos au mur, genoux repliés et encerclés de ses bras. Le choc lui ramollissait le cerveau. Au Fesch, la plupart des lycéennes dépensaient des fortunes en cigarettes. Pour la première fois, elle se dit que le geste lui ferait du bien.

– Ils sont toujours à la sortie du village les hippies ? fit son père pour dire quelque chose.

– Pas mon style ce mélange d'humains et de chiens qui s'entassent dans les bergeries et les yourtes.

– Ils sont peut-être sympas. Toi qui cherches toujours des gens différents, établis un contact. Dans le lot, il y en a sans doute quelques-uns qui viennent d'autres pays.

Luna ne répondit même pas. Elle se massait le visage pour dominer son esprit. Rien à faire des vieux baboss ! Elle aimait la voix calme et douce de son père. Bon Dieu, mais qu'est-ce qui lui avait pris de se barrer ? Enfin, de coucher avec cette pétasse. Elle aussi se sentait trahie. Elle n'avait plus voulu le voir pendant des mois, jusqu'à se raccommoder à peu près. Antoine Sacheri avait un sens inné de la conciliation. Si son cabinet d'architecture marchait bien, ce n'était pas seulement qu'il dessinait des beaux bâtiments publics et de belles villas tout en bois, non, c'était surtout grâce à un incroyable sens relationnel. Personne ne lui résistait vraiment longtemps. Ni les élus de l'île qu'il savait embobiner pour remporter un concours, dégoter un permis de construire, ni les femmes auxquelles il comptait fleurette. Et ni sa fille, donc.

– Bon, fit-il doucement, je ne sais pas ce que tu as vu exactement. Tu te sens la force de me raconter ?

Droit au but. Luna appréciait son esprit de synthèse. Sa mère la traitait souvent en petite chose fragile et tournait autour du pot. Son père redoutait un stress post traumatique et la secouait un peu : ça lui ferait du bien de raconter.

— Tu sais, reprit-il, assister à un événement choquant est très déstabilisant. On peut ne se sentir plus jamais en sécurité, vulnérable, avec l'impression d'un danger qui rôde. Le mieux, c'est que tu me racontes. Après, je vais te démontrer que tu n'as plus aucune chance d'assister à une scène du même genre de toute ton existence. C'est statistique.

— J'étais au mauvais endroit au mauvais moment, c'est ça ?

— Oui ! Même si la Corse est plus violente que la moyenne, il n'y a aucune raison que tu redoutes quelque chose du même genre à l'avenir. Ta mère et moi, par exemple, il ne nous est jamais arrivé d'être témoins...

— D'une cervelle qui se répand d'un crâne, interrompit Luna. De la bouillie qui asperge un visage, des cheveux...

— Tu étais si près ?

— Juste en face, oui, et on s'apprêtait à traverser.

— On ?

— Mattéo, un copain de la classe. Heureusement qu'il était là. Il m'a soutenu. Sans lui...

Elle renifla et poursuivit.

— C'était horrible, papa. Il a titubé, il a voulu atteindre un banc, debout un moment, puis il s'est mis à grogner comme un animal, et quand les autres se sont retournés vers nous, ceux en moto, là, j'ai cru qu'ils allaient nous abattre aussi.

— Tu as vu les tueurs ?

— J'étais en face de leur canon, à moins de dix mètres. Le passager m'a dévisagé à travers sa visière, comme s'il hésitait. Et le pilote est reparti à fond.

Elle hoquetait un peu.

– Là, tu délires, Luna. C'est un règlement de compte. Jamais les tueurs n'auraient abattu des témoins, et encore moins des jeunes gens. Je comprends ta peur, mais à aucun moment tu n'as risqué ta vie. Ok ?

– Ok, murmura Luna.

– Non, c'est important. Je veux te l'entendre dire avec plus de conviction. Répète : C'était horrible, mais je ne craignais rien.

– T'inquiète.

– Si, justement, je m'inquiète.

– Tu forces... D'accord : c'était horrible, mais...

Luna sanglota puis haussa les épaules.

– Et la victime, rebondit-elle, tu sais qui c'est ?

– Simon Bruni, d'après la radio un type louche, un homme d'affaire, un pied dans la légalité, un autre dans tout un tas d'embrouilles.

Antoine allait ajouter que sa mort ne devait pas empêcher Luna de dormir. C'était le fond de sa pensée, mais devant sa fille, naturellement, il ne pouvait se laisser aller à commenter la flambée de violence qui ravageait l'île. Certains départageaient les assassinats « justes » des assassinats « injustes ». Mais la seule chose qu'un père pouvait dire à sa fille, était qu'en République il y avait la police et la justice pour trancher les différends.

– L'enquête va démêler tout ça et les assassins seront bientôt sous les verrous. Tu n'y penseras plus, tu verras, ma Lulu.

– Je t'ai dit combien de fois de ne pas m'appeler comme ça ? Je ne suis plus une gamine.

Un pâle sourire éclairait son visage épuisé. En même temps si, en cette fin d'après-midi elle voulait bien retrouver le cocon de son enfance...

– On dîne tous les trois ?

« Comme avant » voulut-elle ajouter.

– Maman, y'à quoi à manger ? se mit-elle à hurler bien qu'elle n'ai pas faim du tout.

– Non, ne dérange pas ta mère, je vous invite au resto. Le Cabanon, ça te va ?

Ils se retrouvèrent tous les trois boulevard Danielle Casanova, installés dans ce qu'Antoine considérait comme la meilleure table d'Ajaccio. Luna accueillit le gaspacho ultra frais de tomate verte avec mozzarella en serrant les mâchoires. Son estomac allait se détendre, espérait-elle. Mais rien à faire, face au mélange de moules, seiches, poulpes et chou-fleur relevé au chorizo commandé par ses parents, elle se sentit prise d'un haut le cœur. Vint le plat, un délicat chapon sauce bouillabaisse et là, miracle, le poids qui aplatissait son ventre s'envola d'un coup, elle fut prête pour le dessert, une succulente recette combinant crème vanillée onctueuse, jeté de fruits rouges et éclats de meringue.

Comme libérée, elle se mit à parler de tout et de rien, de séries, de ciné, de musique. Mais alors qu'elle se pourléchait les babines de fraises, framboises et groseilles, elle mit un terme à cet état de grâce.

– Tout à l'heure, j'avais besoin de vous deux, ensemble. Mais maintenant c'est bon, ça va mieux : pas de trauma à l'horizon. Merci, papa, c'était une bonne idée ce resto. Tu rentres à Bastia ou tu restes ?

Garance se crispa aussitôt. Le salopard allait payer l'addition, puis il filerait, hop, direct entre les cuisses de sa maîtresse. Et après pourquoi pas un peu de champagne aussi ? Mademoiselle devait bien avoir un plan social à fêter !

– Je vais trouver un hôtel près d'ici, assura Antoine à l'inverse des pensées de Garance. Luna, j'ai envie d'être dans les parages demain si tu as besoin de moi. Il se peut que la police veuille interroger des témoins. J'aimerais t'accompagner. Tu en penses quoi, Garance ?

L'intéressée avait du mal à soutenir son regard.

– J'en pense que tu peux dormir sur le canapé du salon, fit-elle en baissant la voix comme si elle craignait d'être bien entendue, y compris d'elle-même.

Ils rentrèrent dans un silence absolu, et autour de minuit, il n'y eut plus un bruit dans la maison de Villanova. Dispersés en divers coins du logis, les trois membres de la famille Sacheri ne trouvaient pourtant pas le sommeil. L'un se trouvait dans le mauvais matelas d'un canapé, les deux autres dans le confort de leur couette respective.

Les yeux grands ouverts dans le noir, Garance pensait à Antoine.

Les yeux grands ouverts dans le noir, Antoine pensait à Garance.

Les yeux grands ouverts dans le noir, Luna pensait à Mattéo. Plus exactement, Luna spéculait sur les intentions de son voisin de classe. Il était à deux doigts de l'embrasser, elle l'avait senti.

Ils s'étaient séparés si brusquement, juste après le crime. Ils n'avaient pas échangé un mot depuis, elle ne connaissait ni son numéro ni son mail. Un tour sur les réseaux sociaux, là, dans la nuit, et tenter d'établir un contact ? Non, car elle lui dirait quoi, d'abord ? Qu'il lui manquait ? Que sa mémoire recomposait son visage, les nuances de ses yeux, sa voix, sa gestuelle balancée ? Il fallait dire aussi qu'il s'était montré prévenant, habile dans ses marques d'intérêt, avec juste ce qu'il fallait de distance.

Finalement, Luna se redressa dans son lit et partit dans la salle de bain à la recherche d'autres granules homéopathiques. Elle se surprit à espérer que le canapé fût vide. Qu'alors elle se boucherait les oreilles car ses parents feraient l'amour dans la chambre de sa mère.

Mais non... son père dormait comme une masse dans le salon.

7

Mattéo délaissait le pochoir pour un bloc de papier à dessin, du beau, de grammage 180, d'un blanc pur. Il traçait au crayon noir les traits d'un visage. Et bientôt apparut l'homme qui l'avait sauvé du gorille devant le lycée Fesch.

U vecchju, le vieux, ce serait son surnom.

Plus tôt, il s'était douché frénétiquement pour redonner vie à son corps accablé de sommeil après l'insomnie. Un long petit déjeuner n'avait pas permis de chasser les idées noires qui labouraient son cerveau. Alors il s'était mis au travail. Qui dessiner ? Choisir le gorille, ou le vieux ? De mémoire, il pouvait représenter aussi bien les deux.

Avec le premier, il se présenterait au Commissariat de Police judiciaire derrière la mairie. Mais dénoncer cette sentinelle revenait à mettre le doigt dans un terrible engrenage. Bien sûr, des inspecteurs allaient jurer qu'ils seraient protégés, lui et sa famille. Mais comment en être certain ? D'autant que son agresseur l'avait déjà percé à jour en pariant qu'il vivait dans « les taudis des Jardins de l'Empereur ». C'était bien son quartier... Balancer la sentinelle au crâne rasé, oui, c'était se retrouver avec l'enfer aux trousses. Car il en était certain maintenant, à recomposer toute la nuit leur promenade cours Grandval, à mettre l'image du guetteur sur pause : cet homme avait clairement dit « il sort », et son regard avait croisé machinalement celui du malfaiteur, un type dangereux, peut-être même le cerveau de l'opération.

Il était donc ce témoin embarrassant que les criminels cherchent toujours à liquider. Il devait réagir, là, ne pas déconner, manquerait plus que les tueurs rôdent du côté du lycée Fesch pour venir le choper.

Alors il séchait ce matin avec une idée derrière la tête. Dessiner *u vecchju.* Avec ce portrait retrouver le vieux. Lui saurait quoi faire.

Avant de descendre en ville, Mattéo contempla longuement par la fenêtre de son HLM la lumière d'Ajaccio, tranchante même en hiver. Il était seul à la maison. Son père, manœuvre sur un chantier, commençait à l'aube. Les horaires de sa mère étaient raides eux aussi ; l'entreprise de nettoyage la faisait courir aux quatre coins de la ville.

Il s'interrogeait quand même : il n'était pas un peu parano, là ? Le trio était peut-être retourné à ses chèvres, aux bergeries des hauts plateaux. Pourquoi ces criminels s'intéresseraient-ils à un ado ? Imagineraient-ils qu'un graffeur était capable du meilleur portrait-robot du monde ? Non, il délirait. Enfin... Difficile à savoir.

En tout cas, il était persuadé d'avoir vécu une sorte d'avertissement : *Mat2A* devait maintenant faire vraiment gaffe dans la rue, le graff était une discipline régie par des codes, des échelons, des lois. On cherchait l'adrénaline, mais il y avait des règles du jeu. C'était une chance quand même que le vieux ait réussi à maîtriser si vite le gorille. Quelques mots avaient suffi, une menace plus efficace qu'un pistolet agité sous son nez. Finalement, ce n'était pas une si mauvaise idée que de chercher la protection de cet homme.

Il dévala sa cage d'escalier et se retrouva dehors, au pied d'un palmier tout décharné, symbole des immeubles dans lesquelles il avait grandi, tout le contraire du nom pompeux dont la cité était affublée. Vaille que vaille, les six cent logements tenaient à peu près le choc. On ne comptait qu'une vingtaine de petits durs sur les deux mille habitants, pas un quartier sensible, donc, mais autour du terrain de sport, les clichés avaient la vie dure : cannabis, rap, capuches, sol jonché de détritus et poubelles débordantes. Mine de rien, on observait aussi de plus en plus de femmes voilées.

Son immeuble s'appelait le Caroline. Il n'avait pas à se plaindre de vivre ici, au loin la vue était belle et un angle se lovait même contre un verger, des oliviers sauvages et deux petits pavillons égarés. La puissante odeur de pin qui l'escortait balayait les clichés que se renvoyaient inlassablement la presse et la bourgeoisie d'Ajaccio. Allez, on n'était pas si mal aux Jardins de l'Empereur, rien à voir avec les quartiers chauds du Continent, on vivait sur les hauteurs, dans un certain calme et parmi les figuiers de barbarie. Une médiathèque venait même de s'installer. Le cours Napoléon se gagnait rapidement à pas vif.

Mattéo ne prenait jamais la ligne 7 ni le mini bus de la ligne 11 à l'arrêt « Stade Empereur ». La marche le faisait réfléchir. Par l'Avenue de la Grande Armée, il descendit jusqu'à l'entrée du lycée Laëtitia Bonaparte. Il embrassa d'un regard les barres du Parc San Lazaro qui se trouvaient presque en face. Ici, ça grimpait jusqu'à dix étages. La réputation n'était pas la même que chez lui, on était encore plus proche du centre-ville à cinq minutes du port et dix de la plage, mais les balcons encombrés d'appareils de climatisation, les taches de rouille sur les fenêtres et les façades délavées formaient un des ensembles les plus sordides qu'il ait jamais vu. Il passa devant un immeuble portant le nom absurde de *Le Sologne*, et poursuivit son chemin avec la mer dans son champ de vision. Gorgée de soleil, la grande bleue incitait à la gaité. Décembre, c'était une farce ou quoi ? Il trottinait en tee-shirt. Et gambergeait.

Que faisait *u vecchju* près du lycée ?

Un simple coup de chance ? Sortait-il du supermarché, passait par là pour une course ? Ou avait-il ses habitudes dans le coin ? Pour le retrouver, devait-il élargir la recherche au-delà du cours Grandval ? Du côté des rues du maréchal d'Ornano, du général Campi, du général Fiorella ? Tous ces militaires... Tiens, il y songeait brusquement. C'était quoi, ce délire ? On ne pouvait pas célébrer des civils ? Donner des noms de rues à des médecins, des peintres, des écrivains, des scientifiques... Pas assez viril, peut-être ?

Parvenu cours Napoléon, il avisa Le Diplomate. Bonne idée, un café-tabac. Un endroit où on cause. Mais plutôt que cette adresse, une autre hypothèse embrasa son cerveau brûlant. Il y avait bien sûr le Petit Bar dans les parages ! *U vecchju* était visiblement un dur. Comme les hommes qui fréquentaient ce zinc, une bande qui tenait la ville à coups de rackets et d'extorsions de fond. On leur attribuait une bonne dizaine de règlements de compte. Ces derniers temps, le chef avait succombé à une salve de chevrotines et son successeur croupissait en prison. Peut-être que, derrière le comptoir, une gentille jeune fille reconnaîtrait le personnage de son dessin, et que dans un sourire elle lui indiquerait l'adresse de cet habitué ? Cette pensée totalement folle déchira la brume de son cerveau.

Autant se jeter dans la gueule du loup.

Mattéo se reprit. Bon, un vieux, ça va où ? Mieux valait sonder les employés du bureau de poste, les pharmacies, les épiceries à l'ancienne, les boucheries... Voir aussi s'il n'y avait pas une maison de retraite par ici. Il s'arrêta et sortit le portrait de son sac à dos. Pour réfléchir. Il fallait qu'il trouve un autre moyen.

Primo, on lui demanderait de se justifier. Même si quelqu'un reconnaissait son *vecchju*, devant son air affolé, on lui demanderait ce qu'il lui voulait, au vieux. S'il touchait au but, qu'il sentait un trouble, pour autant la porte se refermerait aussitôt : la fameuse loi du silence. Chacun aurait une bonne raison de lui barrer la route.

Alors, un scénario se mit en place pour ne pas éveiller l'attention : il prétendrait vouloir offrir son dessin à ce vieux monsieur. Gentiment, celui-ci avait posé pour lui dans la rue, un casting sauvage comme on disait des apprentis acteurs ou mannequins, sauf qu'il se fichait des jeunes pousses, ce qui l'intéressait, lui, c'était les gueules burinées, les visages qui avaient vécus, les rides comme les microsillons d'un disque, le temps qui laissait comme des chansons. Donc le vieil homme avait pris la pose... Il avait perfectionné son portrait chez lui. Mais comme un imbécile, il avait perdu le nom et l'adresse de son modèle !

Volontiers lyrique, Mattéo sourit à sa trouvaille. Il replaça le dessin dans son sac, et reprit sa route. En chemin, une sorte de révélation le percuta. Ce n'était qu'une impression, mais il décida de se faire confiance. *U vecchju* avait une chevelure magnifique. Sûr et certain que cette coupe s'entretenait ! Rien de plus difficile à porter que des cheveux longs pour rester chic, sauf à en prendre soin. Les coiffeurs, voilà ceux qu'ils devaient cibler.

Et puis, c'était accueillant, un coiffeur.

Il entra d'abord chez Jean-Louis David, mais tourna les talons à la vue de l'éclairage criard et à l'écoute de NRJ à fond. Improbable. Jamais un vieux ne viendrait ici confier sa crinière.

Un salon plus raffiné se présenta au numéro trente huit. Mais pour le coup c'était un peu too much : soins, bien être, un savoir-faire de haute voltige, extensions, potiches, lissages brésiliens et japonais, coloration, du stylisme capillaire quand même bien éloigné des attentes d'un homme armé, a priori pas trop obsédé par les soins à la kératine.

Non, il lui fallait un artisan à l'ancienne.

Il écuma les environs jusqu'à se sentir plus à l'aise en face d'une devanture de la rue Stephanopoli. Dans un salon modeste, un certain Éric l'accueillit gentiment. Il sortit son dessin, mais non, désolé, cet homme ne lui disait rien. Chez Roni, il eut un moment d'hésitation. L'homme était passé par New York, Aix en Provence, l'Espagne, mais sa déco vintage s'appuyait sur un concept de déco. *U vecchju* n'aurait pas goûté non plus l'esprit des lieux.

Le maitre des ciseaux à l'ancienne, des brosses et des bigoudis, se présenta finalement sur l'avenue Beverini-Vico qui prend sa racine cours Napoléon. Pas si éloigné des Jardins de l'Empereur, ce quartier Sainte-Lucie avait mauvaise réputation côté propreté et trottoirs défoncés. Les marques de prestige l'évitaient, ce qui lui donnait un petit côté noir et blanc, désuet, et finalement authentique. La chaleur humaine remplaçait la climatisation des enseignes mondialisées. Il y avait là de l'entraide, de la mixité sociale, à l'image du salon Chez Charlot, coiffeur pour hommes. Des types de tous les âges et de toutes les origines y parlaient foot, climat qui fout le camp, et politique locale.

Mattéo poussa la porte en verre et se campa au seuil de la boutique.

– *Bonghjornu*, balbutia-t-il à l'adresse d'un homme en plein travail, de son client, et d'un autre plongé dans le journal. Chacun répondit d'un petit signe de la tête accompagné d'un « euh » typique d'Ajaccio, sonore et accentué.

Regard perçant, le coiffeur agita une serviette bouillante d'une main et un nécessaire de rasage de l'autre. Il agita violement le blaireau dans le bol et questionna à travers le miroir accroché au mur :

— Une coupe pour le beau gosse ?

— Non, merci monsieur.

— Alors tu veux quoi, gamin ?

— Ben, en fait, je suis à la recherche de quelqu'un qui pourrait être votre client. Vous êtes dans le quartier depuis longtemps, lui aussi, enfin peut-être, alors je me disais.

— 1968, coupa le coiffeur. Depuis toutes ces années, si je devais compter les coupes... Et tu lui veux quoi, à l'ancien ?

— En vrai, je veux lui faire plaisir...

— C'est bien ça ! Et il s'appelle comment ?

— Je n'ai pas son nom. Voilà...

Il leur servit en quelques secondes son histoire de portrait de rue, et fit jaillir le dessin de son sac. Lentement, il tourna de mains en mains. Chacun le contempla pensivement.

— Des rides heureuses, en fines pattes d'oie, commenta l'un.

— Avec l'âge, tout est sur le visage, fit l'autre.

— Les traces de la vie, s'amusa le dernier.

Un long silence s'établit. Puis le coiffeur reprit :

— Et tu ne te souviens même pas de son prénom, à ton modèle ? Il ne s'est pas présenté ? Même quand tu dessinais ?

— Ben si, mais c'est idiot, vous savez je suis tellement concentré quand je dessine que je n'entends plus rien. C'est pour ça qu'il a écrit sur ce bout de papier. Que j'ai perdu...

— Alors j'en connais un qui va être heureux, parada enfin le lecteur sur son siège en cuir.

– Vous voulez dire... Vous l'avez reconnu ? s'enivra Mattéo.

– Assez ressemblant, ma foi.

– Même qu'il ne va pas tarder.

– Si tu te montres un peu patient. Le plus fort c'est que tu aies réussi à le faire poser. Je ne l'ai jamais vu tenir en place, moi.

Incroyable. Déjà ? Pile dans le mille ? À moins que le trio ne joue avec lui, douta Mattéo.

– On va lui téléphoner, à Salomon, reprit le coiffeur. Il se souviendra de toi.

Salomon, bingo, le prénom du *vecchju* !

Comme un mouton qui s'affole, Mattéo eut envie de s'enfuir. À l'autre bout du fil, le vieil homme allait balayer cette histoire de pose qui n'avait jamais existée. Alors il serait grillé, sans aucune possibilité de revenir en arrière.

Déjà, celui assis, libre de tous mouvements, pianotait sur son téléphone. Mattéo se mit à le dévisager, les mains derrière le dos pour masquer un léger tremblement. Plusieurs sonneries... et par bonheur un répondeur s'enclencha. Il entendit une voix éraillée si forte que l'homme assis éloigna le smartphone de son oreille.

« Laissez un message », ordonnait le vieux gosier.

Les yeux brillants, Mattéo voulut reprendre l'avantage.

– Bon, c'est pas grave. Je repasserais. À moins que vous ne me donniez son adresse. J'irais le voir, monsieur Salomon...

– Oh *ghjuvanottu*[1], tu crois qu'on balance nos adresses et nos portables comme ça ?

C'est vrai, la loi du silence... Tirant une mine de six pieds de long, le coiffeur continuait son travail. Il passait aux ciseaux maintenant, deux lames qu'ils faisaient jouer entre ses doigts, comme un trapéziste enchaîne les sauts périlleux.

– Je comprends, bien sûr, bien sûr, assura Mattéo.

Il recula face aux trois hommes, exécuta un brusque demi tour, et disparut en promettant encore une fois de revenir au plus vite.

Dans sa tête, une série de dix numéros se répétait.

La plupart des vieux ont tant de maladresse avec les claviers d'un portable qu'ils appuient comme des sourds sur les touches, d'un doigt. Certains jeunes aux yeux vifs devinent alors quels chiffres s'additionnent les uns aux autres après le 06.

Mattéo savait maintenant comment joindre Salomon.

---

1. eune homme.

SALOMON, 1943

Parvenus trop tard à Asco pour espérer voir Gaby, presque à l'heure du couvre-feu, Esther et Salomon trouvèrent refuge dans une petite auberge placée au-dessus d'un torrent tortueux. On leur servit pour dîner une *minestra* si épaisse que la cuiller tenait droit dans un potage formé de haricots rouges, pâtes, et tranches de pancetta dorées à la poêle. Malgré les restrictions les villageois avaient bien toujours quelque chose à se mettre sous la dent. Ils savaient économiser les denrées, chasser le gibier, et n'imaginaient pas à quel point on souffrait en ville et dans les plaines. Comme dit l'expression : *U techju ùn crede u famitu*[1].

Autant dire que mère et fils, le ventre plein, s'écroulèrent de sommeil.

Le lendemain matin, parcourant les chemins d'Asco bordés de pierres sèches, ils croisèrent un nombre incalculable de femmes enveloppées du noir *mezzaru*, le voile

1. Le gavé ne croit pas l'affamé.

de deuil porté par des vieilles filles. Le vaste groupe scolaire où était enfermé Gaby se trouvait non loin du monument aux morts. En l'observant, Salomon se rendit compte que la moitié des jeunes hommes du village avait été abattus pendant la guerre 14-18. Quatre années de carnage, à chaque fois le même rituel sinistre : les gendarmes qui débarquent, se découvrent, se figent dans un solennel garde à vous, le képi à la main. Et en réponse, le cri d'une mère ou d'une jeune épouse, et puis, depuis l'église, le glas qui sonne, *u murtoriu*[1]... Le monument conservait sa portée dramatique, comme si sourdaient les gémissements de cette affreuse aventure menée au nord, dans la boue, sous les obus et la mitraille. Pour s'en éloigner autant que pour retrouver rapidement son père, Salomon fit en courant les derniers mètres jusqu'à la cour d'école.

Des sacs de châtaignes barraient l'entrée du « camp ». Une soixantaine d'hommes se réveillaient d'une nuit paisible. Les châtaignes autrefois réservées aux bêtes de somme servaient maintenant à préparer un ersatz de café auquel on rajoutait une mixture de glands et de peaux de pommes séchées.

Cravaté, bien mis, Gaby apparut dans la cour. Salomon le trouva plus frêle et plus petit qu'avant son arrestation. Il voulut se précipiter bras écartés comme un épouvantail, mais une Chemise noire lui barra la grille d'entrée. Calmement, Esther présenta ses papiers d'identité.

---

1. Le tribu à la Grande Guerre est terrible en Corse : 12000 morts pour 288000 habitants.

Gaby s'avança vers eux, un pâle sourire aux lèvres. Sa femme sut tout de suite comment il allait se comporter, elle le connaissait par cœur. Il cacherait ses sentiments, lui montrerait qu'il pouvait mourir, là, dans l'après-midi, cela lui était égal tant qu'elle et Salomon se portaient bien.

Ils s'assirent sans effusion sur un banc. Il y avait Francette entre eux. Comme une douleur qui les empêchait de respirer.

Gaby les observa un moment. Retenant une toux rauque, il brisa enfin le silence d'un ton détaché :

– Vous savez, on ne mange pas si mal. Il y a ce drôle de café le matin, et à midi une soupe d'environ trois quarts de litres. Le plus souvent, on nous fourgue du rabiot. À dix-huit heures, nouvelle soupe. Elle est meilleure que la première. Tous les deux jours, on a droit à quatre cent grammes de pain. Et puis le maire nous aide : livres, vêtements, brosses à dents, papier, stylos...

Il faisait froid et humide en altitude. Salomon se mit à trembler. Le monologue paternel lui permettait d'observer ses parents, de les jauger. Affligé, il constatait que la débâcle familiale tenait en un mot : catastrophe.

Aucune peur n'habitait les yeux de Gaby Chétrit. Pourtant, il voyait l'avenir en noir. Calmement, il expliqua à sa femme et son fils qu'on ne parlait que de la guerre au « camp ». La plupart des hommes enfermés ici avaient entendu cette horreur sur les ondes de la BBC : d'après le gouvernement polonais en exil, Hitler mettait en œuvre un plan d'extermination des Juifs. Les enquêtes de l'Agence juive à Genève et du Congrès juif mondial parlaient de plusieurs millions de morts, un massacre qui touchait principalement les Juifs allemands, polonais, yougoslaves et hollandais. Ils devaient être très prudents, la folie exterminatrice des nazis n'avait pas de limite, termina Gaby.

– On ne raye pas des millions de personnes de la surface de la terre sans déclencher d'énormes résistances, réagit Esther qui ne parvint pas à croire que de telles atrocités soient possibles. Tout le monde réagirait contre cette barbarie. Et puis Pétain ne va pas livrer des Juifs Français aux Allemands.

Elle s'auto-persuade, songea Salomon. Ils étaient bien en danger, les nazis rodaient tout près d'eux, comment pouvait-elle refuser l'évidence ?

– Maman, tu ne te souviens pas de notre tête dans l'atelier ? Francette lisait à haute voix le journal. Hitler venait de dire que le résultat d'un conflit mondial serait « l'extermination de la race juive en Europe » ! C'était des mois avant la déclaration de guerre. Je suis persuadé que maintenant tout peut arriver...

Salomon ne manquait pas de lucidité. À des milliers de kilomètres, les camps d'extermination tournaient à plein régime. Les Juifs étaient pourchassés partout. Rien qu'à Paris, l'été précédent, la grande rafle du Vel d'hiv avait envoyé treize mille personnes dans les camps de la mort, surtout des femmes et des enfants. La police française faisait sa part du travail. Elle avait appréhendé les familles à domicile, dans la rue, près des écoles. Les camps français d'internement étaient surveillés par des gendarmes, et quand les convois partaient en direction des chambres à gaz, la SNCF jouait bien son rôle, un cheminot acheminait le train jusqu'à la frontière allemande. Alors oui, comme son père, Salomon se préparait à voir les nazis prendre possession d'Asco. Ni la résistance ni les hommes du village ne parviendraient à les protéger. Esther se retrouverait veuve et lui orphelin de père. D'ailleurs, sans doute qu'ils jouaient tous leur peau...

– Les fascistes ont eu Francette, ajouta Salomon plus sombre que jamais. Ce sera bientôt notre tour, toi papa, puis toi maman, puis moi.

– Ne dis pas de bêtise Salomon, dit Esther, affolée. Papa nous demande de rester sur nos gardes, c'est tout.

– Il paraît qu'Hitler essuie des défaites, se reprit Gaby, ça se terminera un jour. Mais d'ici là, il faut rester prudents.

– Et attendre sagement ? On a croisé des hommes, papa. Des maquisards. La résistance est maintenant bien armée. Il y aura un soulèvement, très vite j'espère...

– Tenez-vous loin d'eux aussi, intima Gaby. Ces hommes sont traqués, à tout moment ils peuvent se faire arrêter. On les torture, vous savez. Écoutez-moi bien : il ne faut plus revenir me voir, c'est risqué de voyager.

Imperceptiblement, Salomon s'écartait de son père. Il n'était plus du tout à la joie de le revoir, à l'espoir totalement fou qu'il redescende à Ajaccio avec eux. Il se leva et inspira profondément pour ne pas s'énerver.

L'incompréhension dominait. « Lâche », le mot cogna ses tempes, avant de s'effacer car non, ce n'était pas ça. Si Gaby Chétrit n'avait pas rejoint les rangs de la résistance, c'était qu'en bon chef de famille il estimait que son premier devoir était de les protéger, eux. Mais il y avait une affaire de tempérament aussi. Tout à leur intégration dans l'île, les Chétrit ne faisaient jamais de vagues. Ils se laissaient porter par les événements. Déjà que la France avait eu la bonté de les accueillir, ils n'allaient pas s'opposer à sa police, à Vichy. L'obéissance aux lois est une règle absolue chez les immigrés.

C'était bien différent pour la génération de Salomon. Lui était Corse, né sur l'île. Depuis qu'il avait rencontré les maquisards, il rêvait de les rejoindre. C'était l'espoir d'un passage dans le monde inconnu des adultes. Même s'il se sentait encore trop grand pour les petits et trop petits pour les grands.

Sa décision était prise. Il ne dit rien sur le moment. Il laissa ses parents revenir à des choses joyeuses, des beaux souvenirs qu'ont toutes les familles, les repas, les premiers pas, la naissance, les dimanches, la fierté des bonnes notes à l'école, sans oublier l'admiration ressentie pour leurs enfants. Existait-il dans le vieil Ajaccio des petits aussi élégants que Francette et Salomon quand ils étaient revêtus de leurs beaux habits de fête ?

À un moment, Salomon tourna le dos pour que ses parents puissent se parler, se toucher, s'embrasser. D'autres familles étaient présentes. Il aurait pu se lier d'amitié avec des jeunes gens de passage, mais non, il devait finaliser son plan...

Sa mère et lui devaient attraper en milieu d'après-midi le dernier train pour Ajaccio. Ils descendraient tous les deux à vive allure jusqu'à Ponte Leccia. Mais il ferait demi-tour. Il placerait sa mère dans le wagon et là, plutôt que de s'asseoir, il lui expliquerait qu'il remontait vers Asco, qu'il partait se battre dans le maquis. Il ne lui laisserait pas le choix. Ce serait un peu triste de la voir seule tout à coup, sans mari, sans ses enfants. Mais on n'était jamais vraiment isolé rue du Cardinal Fesch. Les voisins sauraient prendre soin d'elle. Et à la libération, il la retrouverait en héros. Comme elle serait fière de lui, le plus jeune Résistant corse !

Esther ne se rendit compte de rien jusqu'aux sièges en bois du train à vapeur. Là, son fils l'abandonna, insistant pour qu'elle ne s'inquiète pas. D'une voix d'outre-tombe, elle supplia en vain. Il répliqua que tout irait bien, qu'il avait déjà un contact dans le maquis : Jean-Do, l'instituteur.

Ainsi Salomon rejoignit-il la résistance, après une nuit à la belle étoile.

8

Luna se réveilla dans les brumes. Le sommeil n'en finissait pas de diffuser un nuage planant. Presque en titubant, elle gagna la salle de bain et décida de laisser couler le plus longtemps possible le robinet d'eau chaude, jusqu'à voir la pièce saturée de vapeur. À sa sortie de la baignoire, elle tenta d'essuyer le miroir. Il se voilait illico d'une nouvelle couche de buée. Tant mieux, pensa-t-elle, ce matin elle ne tenait spécialement à contempler son visage angoissé.

Parvenue dans la cuisine, elle fut surprise de n'y trouver personne. Un mot l'avertit que ses parents se promenaient au bord de la mer. Pas un instant elle ne les imagina main dans la main, mais avançant résolument, l'œil fixe et les traits marqués, à mettre leur nouvelle vie au point, à causer logistique, garde partagée, vacances, pognon.

Comme pour se consoler, elle se jeta sur le pot de *Nuciola* posé sur la table. Un parfum sans huile de palme lui explosa en bouche, celui des noisettes délicieuses du paradis de la noisette, le village de Cervioni.

Rendue un peu nauséeuse par plusieurs cuillères de pâte à tartiner, elle retourna dans sa chambre et s'allongea sur son lit, les yeux perdus au plafond. Le sourire de Mattéo surgit dans son esprit. Elle était heureuse de partir le retrouver au lycée. C'était même son seul motif de joie. Ce baiser manqué était une belle promesse. Elle se sentait allégée d'un poids. Et si, grâce à lui, elle s'intégrait enfin à la classe ?

Ses parents apparurent autour de neuf heures. Ils lui sourirent mais, à cet instant, Luna comprit que Garance n'aimait plus vraiment Antoine, qu'Antoine pourrait bien se dire qu'il avait bien merdé, rien n'y ferait, c'était trop tard, l'architecte retournait à ses plans d'architecte, la journaliste à ses articles, *basta* !

Elle se dit aussi, qu'au fond, c'était bien d'avoir les idées au clair. De ne plus espérer comme une gamine que ses parents se remettent ensemble, que tout recommencerait *comme avant*. Une nouvelle vie s'offrait à elle. Peut-être que le fait d'avoir vu la mort en face lui procurait un sursaut de vie et d'énergie.

Finalement, Antoine disparut dans son Audi avec la vague promesse d'une visite autour du jour de l'an. Tous quittaient la maison. Lui dans sa voiture luxueuse, Luna et Garance dans la vieille golf cabriolet. Décidément les courbes de la famille prenaient des chemins assez opposés.

Le téléphone n'arrêta pas de sonner entre Villanova et Ajaccio. Tout le monde félicitait Garance pour son courage et la justesse de son article paru le matin même.

Justement. Luna ne dit rien, mais cette tribune, signée, était comme une bombe à retardement pour elle. Un pas en avant, deux en arrière : et si, alors que son « couple » avec Mattéo inspirait la sympathie, qu'enfin la classe se mettait à l'apprécier, des élèves (elle pensait surtout aux garçons), se sentaient défiés par les accusations de sa mère, surtout sur les questions d'honneur, de virilité ? Sans parler d'une riposte plus grave, elle ne nommait personne dans ce texte, mais l'emprise du Milieu, ce n'était pas rien en Corse avec l'assassinat d'un avocat un cap avait été franchi récemment, une journaliste pouvait tomber elle aussi...

Au lycée un cours passa, puis un autre, et toujours aucune trace de Mattéo. Où était-il ? Trop choqué pour venir au lycée ?

On aborda bien Luna dans un couloir, mais pas pour la tribune de sa mère : la rumeur prétendait qu'elle avait assisté à l'assassinat. Quelqu'un l'avait vue de loin, tétanisée, au bras de Mattéo. Elle reconstitua la scène devant quelques curieux avec juste ce qu'il fallait de détachement, concédant qu'elle espérait que la police allait la laisser tranquille, de toute façon elle n'avait aucun témoignage à livrer, aucune information, les tueurs étaient juste des ombres. En retour, on lui sourit pour la première fois depuis septembre.

Son ventre se dénouait. C'était agréable de sentir que des élèves commençaient à prendre soin d'elle. Et ce fut en groupe qu'elle gagna les Archives départementales.

Louis Martin, le prof d'histoire, s'y connaissait pour manœuvrer dans la salle des profs. Il avait réussi à déplacer les heures de math et de dessin pour une sortie en demi-classe dans le cadre de la préparation au Concours national de la résistance et de la déportation. But du jeu : plonger dans l'étude de documents conservés dans le « formol » depuis des décennies.

En chemin, Luna découvrit le quartier des Salines, de hauts immeubles nés dans ces années soixante-dix. On pouvait se croire dans n'importe quel grand ensemble de France, pas sûr même qu'il y ait une grande différence avec les façades des Jardins de l'Empereur, mais enfin les gens du cru se croyaient entre Corses, en bord de mer. Cette idée d'immeubles standing faisait toujours rigoler Mattéo quand il s'aventurait dans les parages, à la nuance des mouettes qui volaient bas ici, des maillots « Benzema » remplacés par des stars italiennes, non, il ne voyait pas vraiment de différence. Et surtout, de chez lui, la vue était plus belle, la plus belle de la ville assurément.

Mais bon, Mattéo n'était pas là. Nulle trace de lui non plus à l'entrée du bâtiment des archives départementales, une sorte de gros cube avec des petites fenêtres précédé d'une sculpture rouillée.

Claudine s'occupait des scolaires. D'un ton de conférencière, elle expliqua qu'il y avait ici treize kilomètres de rayonnages, des centaines de milliers de documents, répertoriés, classés, maintenus dans une obscurité totale. Les plus anciens étaient âgés de cinq cent ans.

Chacun détaillait cette femme avec un peu de pitié. Un physique massif, une mauvaise teinture rousse, des mains potelées, des lèvres pincées, des joues grasses et, pour finir, une paire de lunettes rondes passées de mode tombant sur un nez épais. Était-ce ce physique massif qui provoquait l'ennui ? Autour d'elle, les bâillements redoublèrent.

Une violente envie de roupiller s'abattait sur les élèves.

– J'attire votre attention sur un point, dit Claudine en crachotant un peu. Puisque vous vous intéressez à la résistance, sachez que les femmes ont été très nombreuses à lutter contre les fascistes. Il y en a eu dans toutes les régions de l'île, jouant un rôle terriblement efficace. Elles ne pratiquaient pas le sabotage comme les hommes, mais elles faisaient du renseignement. Je pense aux réseaux R2 Corse et Pearl Harbour. Le rôle des femmes est toujours minoré, c'est injuste.

La digression était fondée, mais Louis Martin sentait que sa classe décrochait. Il n'en voulait pas à sa troupe. L'effet soporifique d'un monologue après le déjeuner s'observe chez tous les êtres humains, alors des adolescents sous le feu d'un bombardement hormonal occasionnant tantôt de l'hyper activité, tantôt de l'épuisement... Il fallait de l'action ! Lutter contre ce mortel coup de barre ! Il eut une idée.

– Claudine, merci ! Nous consulterons comme prévu les journaux collaborateurs et les tracts des groupes résistants... Mais avant, j'aimerais revenir sur deux évènements. D'abord l'explosion d'un wagon chargé de munitions en gare d'Ajaccio. Nous sommes le 23 février 1945. Vers quinze heures, une terrible déflagration secoue la ville. Douze victimes sont à déplorer dans la base navale voisine. C'est noté ?

Louis Martin pivota pour fixer ses élèves les yeux dans les yeux.

– Bien, chuchota-t-il pour susciter une attention extrême. Maintenant, deuxième événement : les derniers jours de Saint-Exupéry en Corse. Le 31 juillet 1944, l'écrivain aviateur décolle d'un terrain d'aviation improvisé à Borgo avant d'être abattu en mission par un chasseur allemand. Durant son séjour en Corse il séjourne à Miormo, villa Beausoleil, et mange au restaurant *Les Sablettes*. Il y passe sa derrière soirée... Bien. Divisez-vous en petits groupes. Choisissez un des deux sujets, cherchez des documents, papiers et textes numérisés. Allez, ouste, tous dans la salle de lecture. Inventaire, base de données, la salle vous est réservée. Vous avez une heure. Exécution !

Le groupe gagna le premier étage et les longues tables des consultations ouvertes au public. On se mit au travail comme dans une classe. Luna choisit l'auteur du Petit Prince avec trois autres filles, à vue d'œil l'explosion recrutait un plus grand nombre d'adeptes.

Les élèves se relayaient sur les ordinateurs pour taper quelques mots clés. Ils devaient se montrer méthodiques, sinon la masse d'information les submergerait rapidement. Fronçant les sourcils, Claudine leur venait en aide et fouillait elle aussi dans la base de données. Son look incroyablement démodé cachait une efficacité et une énergie peu commune. Sous sa poigne, apparurent progressivement tout un tas d'écrits reliés à l'explosion de la gare d'Ajaccio d'un côté, l'aérodrome de Borgo de l'autre. À mesure des découvertes, les élèves notaient les cotes des *Imprimés*, et partaient les commander à un comptoir.

Les bras encombrés par deux larges dossiers, un employé surgissait à intervalles réguliers d'une haie de rayonnages. Les cheveux clairsemés, le teint gris, les lèvres mauves et les dents jaunes, il semblait vivre ici, ne jamais sortir à l'air libre. Il posa son chargement sur la desserte d'une table jusqu'à côté de Luna.

– Bonne lecture mesdemoiselles, fit-il cérémonieusement.

À plusieurs, elles tournèrent très lentement les pages. Luna s'aperçut qu'elles diffusaient un parfum de bois consumé et de suie. Elle distinguait aussi de la vanille et des effluves d'amande amère.

Derrière son épaule, Louis Martin, recommandait de prendre des notes précises, de reconstituer les choses, « comme si on y était ». Luna et ses voisines croisèrent les témoignages. Tous relevaient la magnifique lumière du matin. La beauté du maquis, le vert humide de l'herbe de la piste, le bleu dans le ciel : c'était la guerre en vacances.

Le commandant Antoine de Saint-Exupéry était arrivé en Jeep. Cette nuit là, il avait fait la fête. Des mécaniciens rappelaient son petit déjeuner, les œufs sur le plat, le café noir et les cigarettes américaines. Au pied de sa machine, un P-38 Lightning F5B équipé d'appareils photo, le voici qui s'habille, d'abord un sous-vêtement à manches longues, puis la combinaison chauffante pour endurer les – 50 °C en altitude. Encore une salopette de mécano, des chaussons, le serre-tête pour les écouteurs radio, les gants fourrés, le masque à oxygène, le gilet de sauvetage, le parachute dorsal, le cercle calculateur, le carnet, le crayon sur la cuisse droite et la bouteille à oxygène de secours sur la jambe gauche,, un sac de poudre, deux fusées éclairantes, une pochette de survie, l'argent du pays survolé...

« Mesdemoiselles, vous notez tout ça, n'est-ce pas ? C'est important les détails, c'est sur les détails que vous ferez la différence. »

Luna notait, oui, motivée aussi par Borgo, car c'était le village natal de sa grand-mère Adèle, dite Mina. La vieille dame vivait depuis longtemps à Marseille, mais comme Borgo se trouvait à moins de vingt kilomètres de Bastia, elle y était allée quelques fois petite. Elle se souvenait d'un coin dominant la plaine et la mer, sur un promontoire rocheux. Par beau temps, l'horizon se découvrait jusqu'à l'île d'Elbe.

Son groupe avançait bien, si bien que toutes pensèrent avoir cerné le sujet « derniers jours de Saint-Exupéry en Corse ».

Pour s'occuper, les jeunes filles continuèrent alors à tourner les pages. Le hasard voulut que Borgo ne fût pas seulement un aérodrome de fortune, mais aussi un lieu de bataille tourné vers l'Italie, où l'occupant s'était longuement attardé. Le classeur consacré au village brassait d'autres thèmes, et tout à coup apparut une photo bouleversante, le cliché d'une femme le regard perdu, le sein découvert, la jupe retroussée et les cheveux rasés.

Bien sûr, Luna avait entendu parler des femmes tondues à la Libération pour avoir couché avec un occupant. Cela s'était produit un peu partout en France dans les journées troublées de la Libération, des semaines de pagaille, pendant lesquelles n'importe qui faisait n'importe quoi. Un peu comme on brûlait des sorcières, vingt mille malheureuses avaient été violentées, « défrisées », depuis les petits villages jusqu'aux grande villes. Des hommes qui s'affichaient purs et durs, des hommes qui voulaient faire oublier le vaincu, la défaite en 1940, se vengeaient ainsi devant les foules, y compris les enfants. On attachait parfois ces malheureuses à des chaises pour les exhiber toute la journée et leur cracher dessus...

Premier département libéré, la Corse avait en quelque sorte inauguré cet espèce de lynchage. Les élèves autour de Luna ne s'imaginaient pas que leur île était tombée aussi bas, personne n'avait jamais parlé de « tondues » autour d'elles.

La photo renvoyait à un reportage publié par le magazine américain *Life*. Sept autres clichés illustraient l'article. Son titre : « Les Corses châtient les traîtresses ». Une phrase sautait aux yeux :

« On peut estimer qu'une centaine de femmes ont été tondues sur l'île à la Libération. »

Une remarque fusa, puis les jeunes filles se mirent à débattre. Elles se sentaient chacune sur des sables mouvants. Certaines jugeaient la punition nécessaire, d'autres étaient révoltées par la cruauté de ces mises scènes. Et surtout, qu'en étaient-ils des véritables histoires d'amour ? Un coup de foudre est un coup de foudre. Même entre une Corse et un occupant italien.

Que ces femmes aient été aveugles, complices, lâches, tout ce qu'on voulait, d'accord, mais le reproche qu'on semblait leur faire, finalement, tenait à leur liberté.

Elles avaient défié la virilité des hommes.

« Où sont la fierté, la dignité légendaire de la femme corse ? » disait un tract du Front National en Balagne. « Les vingt-deux chiennes qui déshonorent notre village auront prochainement des comptes à rendre ». Des femmes tondues avaient été exhibées nues. La volonté de punir allait jusqu'à placarder de nuit, sur les murs, les noms et prénoms des « filles indignes » accusées de coucheries avec l'occupant. Où était le respect des valeurs corses ?

Luna laissait ses camarades discuter. Quelque chose l'attirait et lui faisait signe dans la première photo. Elle ne savait pas encore, mais son instinct lui commandait de lever un doute. Elle reprit le cliché en main et détailla la jolie brune avec une robe blanche retroussée aux genoux. Cette jeune femme passait sa main gauche sur sa joue, comme pour écraser une larme. Les hommes autour d'elle, ces tondeurs rigolards, avaient l'air de s'amuser beaucoup. Elle s'aperçut qu'on lui avait brûlé le front au fer rouge, pour dessiner une croix gammée minuscule.

Luna prit une profonde inspiration. Le visage de cette femme humiliée dansait face à elle. Au début, simplement, il lui disait quelque chose. Mais maintenant cette photo dramatique lui sautait à la gorge. Elle l'étranglait, même. Car elle retrouvait ici le portrait de Mina qui ne quittait jamais Garance.

Sous les traits de la malheureuse tondue de Borgo, oui, elle voyait sa grand-mère. Là, devant ses yeux.

9

Mattéo s'ordonna de ne pas composer tout de suite le numéro du *vecchju*. Il se comportait comme si sa vie dépendait de cette rencontre alors que rien, absolument rien, n'indiquait qu'il était menacé. Pourquoi n'attendait-il pas ce soir pour parler de tout ça à ses parents ?

Les relations n'étaient pas extraordinaires chez les Tazi. Son père se définissait comme un taiseux, accablé par sa profession, accaparé par des chantiers de plus en plus lointain, là où les gens du Continent achetaient des belles résidences secondaires, un homme toujours sur les routes, car en plus du travail manuel souvent pénible il lui fallait accomplir de sacrées distances en voiture. Sa mère, vaillante aussi, était autant écrasée par le boulot, à passer l'aspirateur en sabots et vieilles tuniques toute la journée, à se bousiller les mains sur des nettoyants ménagers. Mattéo la voyait toujours partir très élégante au travail, un chemisier, une jupe, et des belles chaussures. Sa sœur Aya ne manquait jamais de la complimenter à ce moment là, et au fond sa remarque témoignait de la grande bienveillance qui planait sur le foyer. Mais c'était quand même chacun sa vie chez les Tazi. On s'aimait en silence, tous les quatre ils ressemblaient à ces particules d'un même champ magnétique qui dévient irrésistiblement les unes des autres.

Alors, puisqu'il serait muet avec sa famille, restait Luna. Elle en dirait quoi ?

Il connaissait la réponse. Elle lui conseillerait de filer au commissariat et de se mettre au boulot : avec lui, la police n'aurait jamais vu un portrait-robot aussi précis. De quoi coffrer l'assassin en clin d'œil. Car ce qu'il avait vu, c'était du lourd.

Mais sa vie en serait bouleversée. Et, surtout, *Mat2A* serait tôt ou tard percé à jour. Il les entendait déjà, moqueurs : « Alors c'est toi l'artiste qui bombe les murs abandonnés de France 3 ? »

Mattéo tenait plus que tout à son anonymat. L'auteur sans visage était pour lui la vraie star du XXIe siècle. À l'heure des caméras partout, de la surveillance de masse, des selfies sur les réseaux sociaux, il trouvait marrant et original d'agir incognito, d'endosser un rôle d'insaisissable, aux raisons multiples, mystérieuses. Souvent, il se répétait que seuls les personnages inventés étaient intéressants. Des personnages en forme de point d'interrogation.

Place des Palmiers, il parvint à laisser passer une heure en contemplant la fontaine à quatre lions, piédestal à la statue de Napoléon en Premier Consul. Son regard s'attarda sur les bas-reliefs. Il les découvrait finalement pour la première fois. Le sculpteur avait choisi un serpent pour représenter la prudence. Il jugea la présence du reptile comme quelque chose de vaguement alarmant.

Prudence, donc. Et stop au délire ! Bien sûr que la police saurait le protéger ! Il devait cesser de penser à lui, agir avec précaution, en fonction de ce qu'il jugeait bon ou mauvais. Faciliter l'arrestation d'un criminel était quand même une priorité... Mais qu'en penserait le *vecchju* ?

Il sourit pour lui même et composa le numéro. 06...

– Allô !

Ton ferme, pressé, comme si on dérangeait.

Mattéo plissa des yeux face au soleil et se leva de son banc. Merde ! Une petite voix au fond de lui priait pour que se déclenche le répondeur. Ses pas le conduisaient machinalement face à la librairie La Marge, il aimait l'endroit, ses rayonnages le rassuraient. Face à la vitrine il ne trouva pas mieux que de balbutier :

– Bonjour Monsieur... Je suis... Mattéo. Hier matin vous m'avez sauvé de ce...

– Comment tu as eu mon numéro, petit ?

Il se rappelait l'œil noir, le nez d'aigle.

– J'ai fait votre portrait et je l'ai montré en ville. On vous a reconnu Chez Charlot, vous savez, le coiffeur de la l'Avenue Beverini-Vico. Ajaccio est comme un village.

– Alors tu dois être très convaincant. Personne ne parle chez Charlot. La prochaine fois, ils prendront une tape sur les doigts.

Ce n'était pas dit sur le ton de la menace. La voix se radoucissait un peu. Mattéo sentit même un léger amusement.

– Et tu m'appelles pour parler de graffiti ? reprit *u vecchju*.

– Non, j'ai quelque chose à vous demander.

– Eh bien. Vas-y !

– Non, en chair et en os.

– Ça alors, une convocation !

– Pas du tout, répliqua Mattéo précipitamment. Hier, le type qui m'a agressé, ce gros balèze, eh bien je l'ai revu un peu après. Devant la Collectivité, quand cet homme a été assassiné. Je l'ai entendu dire : « Il sort. » J'ai vu le motard lui répondre d'un signe de tête.

– Et lui, *ghjuvanottu*, il t'a reconnu ?

– Oui, c'est pour ça que je vous appelle. Vous êtes intervenu et ce gars s'est arrêté tout de suite. Il a même tourné les talons.

Une seconde, Mattéo fut de retour cours Grandval à l'instant du crime : les regards qui se croisent, peut-être moins d'une seconde, mais assez pour se reconnaître et faire le lien avec l'incident du graffiti. La trouille ressuscitait. Il sentait maintenant son cerveau en surchauffe, son cœur cognait à toute vitesse.

– Et comme ça, tu écris partout des *Arabi gloria* ? dévia *u vecchju*.

– Je ne sais pas ce qui m'a pris, c'est la première fois. Je suis d'origine marocaine mais je me sens d'Ajaccio, vous savez. Je crois que la Corse est une île métissée, avec des gens qui arrivent et d'autres qui partent. Les racines, c'est dans la terre, ça ne se voit pas en pleine lumière.

– Joli ! Alors, tu fais de la provocation ?

– Quand on a une double identité, parfois on en peut plus, c'est aussi simple que ça. Un Arabe a peu de chance d'intégrer le lycée Fesch, vous savez. J'ai dû tricher un peu. Pour nous, les enfants des ouvriers agricoles, des ouvriers du bâtiment, si on arrive au lycée, ce qui est déjà un miracle, eh bien, après le collège, on reste au Laetitia Bonaparte. Attention, hein, je n'ai rien contre cet établissement, chapeau pour la mixité, le proviseur et les CPE sont supers, ma sœur est heureuse là-bas. Mais ce n'est pas la même réputation.

– Ok, coupa le vieil homme, revenons à ce type. Précise ta pensée. Quel est le rapport avec l'assassinat ? Tu te bases sur quoi ?

– Sa voix. L'autre qui lui répond aussitôt de la tête. Ils sont complices, c'est sûr.

– Alors qu'est-ce que tu attends pour aller à la police ?

– J'ai peur que ça se termine mal. Ce type a deviné où j'habite. Je sais qu'il ne faut pas jouer avec ces gens-là. Je ne suis pas parano, vraiment pas. Mais un arabe, ça s'élimine assez facilement. Même s'il est arrêté, il y aura des complices pour me menacer avant son procès. J'aimerais lui faire passer un message : je vais oublier ce que j'ai vu. Il peut compter sur mon silence.

– Tu es seul, là ? s'enquit *u vecchju* d'un ton brusque.

– Oui.

– Bien, tu connais le cimetière marin ? Tu me retrouves là-bas, le caveau familial des Chétrit. Tu trouveras. Dans une heure.

– Merci, vous êtes vraiment gentil.

– Tu ne me connais pas. Non, je ne suis pas « gentil ».

10

À la sortie ouest d'Ajaccio, face à la mer et à flanc de colline, dix mille morts reposent sous les pierres et le marbre froid du cimetière marin.

Mattéo avait en perspective la flamme verdoyante des cyprès plantés çà et là. Il s'avança puis apparurent les dômes des chapelles funéraires et les croix de monuments blanchis à la chaux. Sous le poids des fleurs et du chagrin, un groupe entrait dans l'allée principale pour gagner la fosse d'un parent ou d'un ami. Le corbillard suivait. Il le laissa passer avec une pointe au cœur.

Comme de nombreux gamins, Mattéo avait joué à se faire peur la nuit entre les tombes, à paniquer au moindre chat errant. Mais là, les allées étaient baignées de soleil. Il remisa ses peurs enfantines et fila droit vers l'administration, fléchée par des panneaux. Une femme très blonde qui assurait l'accueil lui sourit en découvrant d'incroyables dents de cheval. Un long cou et des cheveux comme une crinière ajoutait à l'impression équestre.

– Je peux vous aider ? hennit Jolly Jumper.

Mattéo fit un petit pas de côté pour l'observer. Elle se retrouverait un jour sur un mur de la ville, ou il ne s'appelait pas *Mat2A*.

– Oui, je pense que vous pouvez m'aider. Je cherche le caveau des Chétrit.

– Ah, Salomon... réagit l'agent d'accueil les yeux énamourés.

Pour la seconde fois, Mattéo voyait que le vieil homme ne laissait personne indifférent.

– C'est pas compliqué, les Chétrit sont juste à côté de Fred Scamaroni.

Mattéo sourit. Cette coïncidence lui plaisait. À l'heure où sa classe préparait d'arrache-pied le Concours national de la résistance, il allait découvrir la tombe du héros corse par excellence, un martyr de vingt-neuf ans envoyé par De Gaulle pour unifier la résistance sur l'île. Fred Scamaroni avait été dénoncé, torturé par les nazis à la Citadelle. Il s'était suicidé pour ne pas parler.

– Tu t'appelles comment ? relança l'agent d'accueil en sortant dehors. Moi, c'est Sylvie. Tu fumes ?

– Mattéo, enchanté. Mais non merci, pas de clope, c'est mortel.

– J'adore mourir. Normal, ici. Enfin, faut bien se distraire.

– Les journées sont longues ?

– Pas vraiment, il y a beaucoup à faire avec les vivants. Ils ne savent pas comment se débrouiller pendant les funérailles. Les amis se perdent dans les allées, les familles se font arnaquer par les pompes funèbres. Tu sais, je vois régulièrement des cercueils avec six poignées, chacune est facturée, alors qu'il n'y a que quatre porteurs ? Je râle... Je connais aussi tous les emplacements. C'est ma passion : me renseigner sur les tombes et leurs occupants, connaître un peu leur histoire, quoi.

Sylvie recrachait la fumée en une étrange grimace. Mattéo la trouvait bizarre et intéressante.

– Et l'histoire de Salomon, bondit-il, tu la connais ?

– Un vieil homme secret et attachant. Je peux juste te dire qu'il ne laisse jamais rien au hasard. Il a attendu que la place soit libre près de Fred Scamaroni pour déplacer sa famille de Bastia. Sa sœur et ses parents étaient inhumés au carré juif.

– Salomon est Juif ?

Sylvie partit d'un fou rire. Mattéo lui ressortait une réplique culte de Rabbi Jacob : « Comment Salomon, vous êtes juif ? ». Elle entendit Louis de Funès poursuivre : « Écoutez, ça ne fait rien, je vous garde quand même. »

– Oui, et c'est même un Juif qui n'en fait qu'à sa tête. Pour éviter le culte des morts, il n'est pas conseillé aux Juifs de rendre visite à leurs défunts plus d'une fois par an. Lui, il vient toutes les semaines.

Hypnotisé par le personnage, Mattéo ne bougeait plus. Peut-être qu'il redoutait aussi de s'avancer, maintenant que Salomon se présentait à lui.

– Bon, ben salut, le congédia l'agent en écrasant son mégot. Et n'oublie pas ton petit caillou. Les Juifs ne déposent pas de fleurs sur les tombes de peur qu'elles se flétrissent. C'est une insulte au mort. La pierre est comme un signe, elle montre qu'un visiteur est passé se recueillir.

– Les pierres sont les fleurs du désert !

– Un brin poète avec ça le Mattéo ! Toi, tu me plais bien... Alors tout droit, hein, tu trouveras facilement.

À son approche, Salomon approuva d'un mouvement de tête. Il attendait son jeune visiteur d'un air satisfait.

– Alors te voilà... Tu n'as pas l'intention de faire un gribouillage sur un monument du cimetière, j'espère.

U vecchju lui parut plus faible que la veille. Une fatigue se lisait sur l'ensemble de son corps voûté, des nerfs qui se relâchaient et le rendaient vulnérable. Comme s'il s'agissait d'une simple formalité, il l'avertit tout de suite :

– J'ai parlé au primate. Ne te tourmente plus. Considère que tu es protégé. Jamais il ne montera à l'Empereur, ni ne viendra au lycée Fesch. Tu as ma parole.

Mattéo le regarda avec stupéfaction. Ce Salomon s'exprimait avec un tel calme qu'il n'était pas sûr de l'avoir bien entendu. C'était donc réglé. Police et justice pouvaient enquêter dans tous les coins, ils perdaient un témoin de poids, peut être le meilleur, celui capable d'identifier un complice et remonter aux tueurs. Mattéo avait conscience d'agir en dehors de tout cadre moral et sens civique. Salomon le protégeait, mais par son silence, il protégeait aussi une pourriture.

Il évacua ce point et se persuada qu'il agissait comme il fallait. Briser la loi du silence aurait été une erreur monumentale, se rassurait-il, le début de tout un tas d'ennuis.

Et maintenant, bien sûr, il mourrait d'envie de connaître les détails, de savoir ce qui liait les deux hommes. Salomon avait-il reconnu le gorille alors qu'il sortait du supermarché, ou quand il lui portait secours ? Surtout, que lui avait-il dit pour le faire déguerpir ?

– Vous avez fait comment ? bredouilla-t-il, interloqué.

– Je vais t'expliquer quelque chose, siffla Salomon d'une voix sèche. Ces hommes s'entretuent, ce sont des choses graves, pas de doute, mais qui n'ont rien à voir avec toi. Aussi je te conseille de ne plus poser ce genre de question. Tu as compris ?

Mattéo acquiesça de la tête, soudain tout pâle.

– Et tu arrêtes aussi tes gribouillages, ces histoires de *Arabi gloria*, ajouta Salomon d'une voix plus bonhomme. Tu ne ferais qu'échauffer les esprits et susciter de la vengeance. Qu'est-ce qui t'a pris ?

Un silence. Puis d'une voix amusée :

– Tu es donc arabe, Mattéo ?

L'ado posa sur le vieil homme des yeux craintifs. Il l'avait percé à jour, impossible de lui mentir.

– J'ai deux prénoms. Mattéo au lycée, mais dans mon quartier et à la maison, c'est Majid.

Salomon le fixait droit dans les yeux. Il savait bien que les Marocains subissaient le poids de nombreux regards en ville. Les collabos qui regardaient les Juifs comme ça pendant la guerre, ils les auraient envoyés en enfer.

– Ce n'est pas une raison pour risquer de te faire exclure de ton lycée, ou tabasser par les racistes qui passent dans la rue.

– C'est vrai, je me suis un peu emporté, admit Mattéo. Mais en ce moment, il y a tous ces gens tellement obsédés de pureté corse... On étudie l'occupation des Italiens en cours d'Histoire. Les *Arabi Fora* me font penser aux inscriptions hostiles sur les façades des commerces Juifs pendant la guerre. Il paraît qu'un syndicat de travailleurs corses veut remettre au goût du jour les chemises noires, comme les fascistes italiens.

– J'ai cru voir ça, acquiesça Salomon entre ses dents. Mais ne mélange pas tout. La Corse a été envahie par les Ibères, les Etrusques, les Romains, les Sarrasins, les Pisans, les Aragonais, les Génois, et même les Anglais. Sans oublier les Français bien sûr ! Donc, les étrangers, on connaît. Ne compare pas avec les Chemises noires ! Le peuple corse n'aime pas le bruit des bottes.

– Pourtant il y a des racistes sur l'île, poursuivit Mattéo. Tous ces gens qui votent à l'extrême droite.

– Tu es trop jeune, ça ne te dit rien, mais je faisais parti de ceux qui ont empêché Jean Marie le Pen d'atterrir à Ajaccio. Tu dois comprendre que ce que vous nommez tous « racisme », c'est avant tout le rejet de la drogue et de la religion.

– Mon grand-père paternel s'est battu pour libérer la Corse. C'était un goumier des régiments coloniaux. Il s'appelait Hassan Tazi. Plus grand monde ne se souvient d'eux.

L'œil de Salomon s'éclaira. Lui n'effacerait jamais de sa mémoire ces hommes bien entraînés, fins tacticiens et si à l'aise dans les nombreux cols des zones de combats.

– Les Corses qui veulent foutre les Arabes à la mer sont des imbéciles qui n'ont aucune idée du sang versé. Tu connais la stèle qui commémore les combats du col de Teghim, près de Bastia ? Ce sont des mots de remerciements et d'affection.

Salomon respira profondément et récita :

– « *Seigneur, permettez que les durs guerriers de Berberie qui ont libéré nos foyers et apporté à nos enfants le réconfort de leur sourire se tiennent contre nos épaules et qu'ils sachent, ô qu'ils sachent Seigneur, combien nous les avons aimés.* »

Un silence, puis :

– Mais bon, allez, on ne va pas refaire le monde. J'ai réfléchi. Je vais avoir besoin de toi, Majid Tazi.

Mattéo tressaillit. En dehors des Jardins de l'Empereur, personne ne l'appelait ainsi. Pour un peu, il aurait tourné la tête de tous les côtés voir si personne n'avait entendu Salomon. Mais l'appeler par son véritable prénom était une marque de respect dans la bouche du vieil homme. Il ne voulait pas de triche entre eux. Il savait combien il est difficile de se construire une identité quand on est tiraillé entre deux cultures.

– Il y a une famille dont je veux ruiner la réputation, dit-il d'une voix de conspirateur. Tu vas peindre leur nom sur la ville. Je te dirais plus tard où, comment. On se retrouve ici dans une semaine. Même heure.

Attentif au moindre tressaillement sur le visage de Salomon, Mattéo sentit que quelque chose avait changé entre eux. Passé de la méfiance à la confiance, *U vecchju* le congédiait avec douceur. Mattéo lisait même dans ses yeux le début d'un attachement, l'envie qu'il avait de transmettre un certain nombre de choses.

– D'accord, vous pouvez compter sur moi.

Il salua d'un geste de la main et fit demi-tour parmi les tombeaux, la mer scintillante devant lui. Libéré d'un poids, il se rendait compte que Luna lui manquait. Il pouvait la retrouver à la sortie du lycée, en se dépêchant il arriverait à temps. Depuis qu'elle était apparue dans sa classe. Il attendait un signe, quelque chose de cette fille fuyante et repliée sur elle-même. Progressivement, il en était tombé amoureux. Son absence s'était particulièrement faite ressentir pendant les vacances de la Toussaint : deux semaines sans la voir, lui à zoner dans sa cité, elle à se morfondre dans son village. Au retour, il lui avait tourné autour, volé quelques regards, de plus en plus certain de ses sentiments. D'autres semaines avaient filé et, sur un coup de tête, il avait eu cette idée de déjeuner ensemble... Il lui avait pris la main. Puis ce baiser manqué d'un rien...

Mattéo ne devait pas la laisser gamberger, surtout pas. Il fallait lui montrer qu'il avait su la soutenir hier, qu'il en irait de même après. Bref, il l'embarquerait en ville. Ils traineraient un peu tous les deux. Et qui sait ?

SALOMON, 1943

– La mer me manque, dit Salomon. Le parfum des sous-bois me sature le cerveau.

– Moi je suis un montagnard, le prototype du Corse parfait. J'aurais pu être berger, vivre noblement du produit de mes bêtes, étendu au soleil, à contempler les beautés de la nature. À la place je suis devenu gendarme, c'est quand même bizarre la vie…

Après Jean-Do, l'instituteur, Vicente prenait Salomon sous son aile. Les opérations dans un relief sauvage, sans pitié, nécessitaient d'adjoindre à la plus jeune recrue du réseau un camarade à la gâchette facile, un pro des combats qui saurait le tirer des pièges tendus par l'occupant. Les deux ne se quittaient plus. Avec une cinquantaine d'autres gars, ils vivaient sur les hauteurs d'Asco, un terrain choisi pour sa bonne perspective. Une sentinelle balayait constamment l'horizon à la jumelle pour signaler le moindre mouvement suspect. On se méfiait des avions de repérage allemands munis de caméras. Chaque geste de la vie quotidienne était susceptible de les trahir. Les reflets des miroirs, assiettes, casseroles et autres briquets suffiraient à les localiser.

C'était l'heure du déjeuner dans un coin du campement. Dopés par l'exercice et l'air vif de la montagne, tous mangeaient de bon appétit. Vicente et Salomon achevaient une pêche débarrassée de sa peau duveteuse. Elle était délicieuse, sucrée, d'un jaune profond. « On y va », fit l'aîné. Le cadet lui sourit en retour.

En quelques enjambées ils se retrouvèrent sur « le terrain d'entrainement ». Exactement comme à l'école, Salomon révisait. Mais pas son brevet. Les rudiments de la lutte armée. Il passait ses journées à manipuler des armes, à apprendre la fabrication des explosifs, des engins incendiaires. Aujourd'hui, il avait cours de grenade.

– Celle-là, c'est une « cinq secondes », énonça Vicente. Tu la serres de la main droite, de la gauche tu arraches l'anneau, tu jettes, et tu t'aplatis. Compris ?

Cette leçon acquise, Vicente passa au montage et au démontage d'un pistolet-mitrailleur Sten. Les Alliés en avaient parachuté dix mille sur l'île. C'était une arme d'apparence rustique, étonnante avec son chargeur en position latérale, mais très légère et pratique : elle tenait à l'intérieur d'une musette ou dans la poche d'un manteau.

– Bon, tu montes et tu démontes, ordonna Vicente, en disposant trois pièces sur le sol : le canon, l'ensemble culasse-percuteur fixe-ressort, la crosse.

Avec la dextérité d'un magicien, Salomon fixa l'arme en moins de cinq secondes.

– Ma foi, tu es prêt ! réagit Vicente, pas peu fier de son élève.

Prêt, Salomon l'était en effet. Il se sentait même des fourmis dans les jambes.

Car il n'y avait pas que les occupants à châtier. Son groupe rêvait de capturer le maire d'Ajaccio, un fervent admirateur de Mussolini. Dominique Paoli venait d'interdire aux femmes de porter le pantalon. Cet arrêté municipal suivait tout un tas de déclarations délirantes sur la République, un régime de « honte et de boue ». Avec ses fidèles de la revue *A Muvra* il n'en finissait pas de crier sa passion pour le fascisme : « Vive l'Italie ! Vive le Duce ! », Rome et son armée représentaient ainsi pour lui « les aigles de la civilisation latine ». Il aimait aussi quand ses administrés accrochaient sur les fils à linge des chemises noires. Manière de dire « bienvenue » aux Italiens qui passaient dans les rues.

Mais Dominique Paoli eut de la chance, car le signal de l'insurrection coupa court à son plan d'enlèvement. Le responsable de l'armement du Front national, Jean Nicoli, venait d'être exécuté par la police italienne. Le brave homme avait été décapité. Cette barbarie les plongeait tous dans une rage décuplée contre l'occupant, c'était un crime horrible.

Mais un chef, maintenant, unifiait tous les mouvements et coordonnait les actions militaires. Débarqué clandestinement en sous-marin avec douze tonnes d'armes et de matériels, le futur général de brigade Paulin Colonna d'Istria négociait un retournement des Italiens contre les Allemands débarqués en masse depuis le mois de juin. Salomon et sa troupe devaient obéir à un plan qui recevait l'accord des services britanniques. D'autant que les tractations aboutissaient : à l'aube du 9 septembre, plusieurs navires allemands étaient endommagés par les batteries italiennes dans le port de Bastia. La nouvelle tant attendue. Pour douze mille hommes sur le pied de guerre, c'était le signal de l'insurrection.

Salomon connut son jour de gloire lors d'une marche qui les menait vers Borgo, bien au-delà de Ponte-Leccia. Ils descendaient de leur montagne et criaient à tue tête : « La Corse ni ne se prend ni ne se donne ! ». Ils se dirigeaient vers la plaine, là où se tenait l'ennemi. Il faudrait couper les routes. Et mettre le paquet, sinon la situation pouvait se transformer en cauchemar bien pire que l'occupation italienne : les troupes d'Hitler partout, la Corse sous la botte nazie.

Sans radio, ils manquaient d'informations depuis leur départ d'Asco. Les hommes de la colonne enrageaient de se tenir en retrait. L'ennui dominait. Depuis des jours il n'y avait face à eux rien d'autre que des chênes verts et les cimes aux teintes roses et bleues ! En fin d'après-midi, alors qu'ils établissaient leur campement, déposaient leurs réserves de provision, d'eau, de couvertures, d'éclairage, de grenades et de recharges pour leur unique fusil-mitrailleur, Salomon eut soudain une idée.

– Je cours vite, laissez-moi deux heures, personne ne se méfiera d'un môme, quelqu'un me dira bien où ils sont, les Boches.

Vicente prit sur lui de convaincre la colonne. Il n'y avait aucune trace de champs cultivés ni d'habitation à des kilomètres à la ronde : le « môme » pouvait bien gambader dans cette interminable vallée, à part les sangliers il ne risquait pas de croiser grand monde.

Salomon prit son rôle d'éclaireur très au sérieux. La nuit tombait qu'il n'avait toujours pas fait demi-tour. Il courait à perdre haleine, chaque respiration des odeurs du maquis l'aidait à caracoler comme un cabri. Les kilomètres s'enchaînaient dans une chevauchée de tous les diables.

Dans un état second, car la fatigue physique laisse généralement place à l'euphorie, apparaissait de nouvelles envies, de nouveaux rêves. Dans son cerveau léger comme l'air, il trouvait soudainement des solutions à des choses qu'il jugeait d'ordinaire très compliquées. Comme si sa conscience se libérait du poids du monde pour laisser venir à elle des idées inconnues, des raisonnements originaux... Francette semblait apparaître dans le soleil couchant. Son visage était celui d'une jeune fille extraordinaire, aux yeux pétillants et à la bouche souriante, une demoiselle l'invitant à une vie heureuse après la guerre. Il devait se marier, s'entourer d'enfants, sa femme s'endormant chaque soir en lui prenant la main. Par sa figure enjouée, sa sœur lui adressait un message de paix.

À quoi bon cette vengeance ?

À son âge, ça ne pouvait pas durer cette quête dévastatrice, il risquait de se condamner à vie.

Plus ses jambes voltigeaient, une foulée longue et puissante, plus ses pensées l'attiraient vers de nouveaux repères. Il allait mettre le paquet au lycée. Partir ensuite à Marseille en classe préparatoire. Devenir la fierté de son père tailleur en réussissant les plus grands concours de la République. Il en avait les capacités. Il embrasserait ensuite une carrière à Paris. Avocat, banquier, ou pourquoi pas journaliste, en tout cas une profession intellectuelle, car oui, il en avait les qualités.

Il eut soudain du mal à reprendre son souffle. Il stoppa net, haletant, inquiet. Il posa une main sur son cœur qui galopait si vite. On aurait dit le battement cardiaque d'un lapin. Par prudence, il décida de marcher un peu. Sonné, il s'aperçut qu'il y avait une route devant lui.

Où se trouvait-il ? À l'orée du village de Barchetta, découvrit-il bientôt. Sans imaginer un instant que les troupes allemandes et italiennes s'étaient retranchées ensemble dans l'usine de traitement de bois.

Au loin, deux grands corps d'un bâtiment en briques et une cheminée géante signalaient la fabrique. Les flots tumultueux du Golo s'annonçaient aussi par un vacarme de tous les diables. Personne à l'horizon ! Que se passait-il pour que le village soit vidé de ses habitants ? Salomon s'avança prudemment. Avec la nuit qui arrivait, cette masse sombre devant lui prenait des contours étranges et ne lui disait rien que vaille. Que fabriquaient-ils là-dedans ? Jamais il n'avait entendu parler d'une industrie ici, l'activité semblait de toute façon au point mort, tout suintait l'abandon, la guerre sans doute...

Tout autre que lui aurait fait demi-tour. Il était temps, encore, de rebrousser chemin, de courir pour retrouver ses compagnons d'armes de l'autre côté de la vallée. Mais il était intrigué et projetait nombres d'hypothèses sur ces lieux à l'abandon. Vicente serait si fier de lui s'il faisait une grande découverte !

Une crainte le prit : lui, l'enfant de la ville, parviendrait-il à errer dans la campagne plongée dans le noir ? Mais c'était plus fort que lui, il avançait. À environ cent mètres de l'usine, des voix retentirent. Il se figea. On parlait, on hurlait plutôt, en allemand. Voilà qu'il la tenait sa trouvaille ! Il lui suffisait maintenant de retourner au bivouac pour informer sa colonne. Ils attaqueraient dès que possible. Grâce à lui !

Il recula, follement heureux, pas loin de se sentir héros. Mais tout à coup, avant même de retrouver son chemin, un side-car jaillit au détour d'un virage, lancé à fond sur la route.

Perturbé par le vacarme du Golo, concentré sur les hommes retranchés, Salomon ne l'avait pas entendu venir. Le soldat freina brusquement en lui coupant la route. Ils se retrouvèrent ainsi nez à nez. L'homme remonta au front ses lunettes de motard. Il avait les cheveux en houppe et ses mains étaient gantées. Un moment très court, ils restèrent face à face sous un ciel mauve, sans se parler.

– Je peux t'aider ? interrogea finalement l'homme dans un français parfait. Tu ne dois pas traîner par ici. Ça va chauffer.

Ses jambes se dérobaient sous lui. Il ne sut que répondre.

– Si tu veux je te dépose sur la grande route, à l'abri, reprit le soldat d'un œil rieur et d'une voix empreinte de douceur.

Pas une seconde le soldat n'imaginait que le jeune homme en face de lui appartenait à la résistance. Salomon devait-il profiter de la naïveté du motard, s'emparer de son arme, le faire prisonnier ?

– Euh, je vais me débrouiller tout seul, parvint-il à balbutier.

– Alors dépêche-toi. Une automitrailleuse est en route pour nous soutenir. Tu vois cette usine ? Nous sommes à l'intérieur avec des Italiens en déroute. Prends garde aussi à la rive droite du Golo, des maquisards se regroupent pour nous attaquer.

Salomon s'imagina un instant pris entre deux feux, impuissant face à un assaut de patriotes, le maquis en feu, les chars allemands massacrant tout sur leur passage... De nouveaux cris descendaient depuis l'usine, des ordres qui résonnaient jusqu'à eux. Il devait fuir sans attendre, mais une nouvelle apparition le cloua sur place : une jeep de l'armée italienne fonçait à son tour sur l'usine. Le motard lui fit un signe et l'engin stoppa net devant eux.

Pressée par le conducteur et le passager contre la portière avant, se tenait une paysanne. À l'arrière, deux lance-flammes rougeoyaient encore d'avoir brûlé les foyers d'un hameau voisin. Visiblement, les Italiens ne se retournaient pas tous contre les Allemands. Les fascistes restaient fidèles à Hitler.

– *Prigioniera*, rit un des deux soldats. *Divertisi en la fabbrica.*

« S'amuser dans l'usine ». Ses rudiments d'italiens permirent à Salomon d'imaginer le funeste destin auquel était promis la prisonnière.

Se détournant des lance-flammes, il observa le tic de menton qu'elle ne parvenait pas à réfréner. Il constata la raideur de son corps, aucun tremblement de peur, à peine si sa poitrine respirait. Le plus intrigant était de voir son visage impassible, comme n'appartenant déjà plus au monde des vivants. Leurs yeux se croisèrent, et il la vit articuler :

– Pars !

Elle reformula plusieurs fois ce commandement, avec une sorte de bulle d'air qui se formait entre ses lèvres et suppliait, suppliait. Apercevant un objet dans sa main, il se demanda de quoi il s'agissait. Et d'un coup, il comprit ce qu'elle allait faire, il comprit cet air cruel qui balayait son visage. Un frisson d'effroi lui parcourut l'échine. La main crispée sous sa robe, la jeune femme dégoupilla tout doucement une grenade. Ses mains ne tremblaient pas. Elle disposait maintenant de cinq secondes avant l'explosion, tout le monde savait ça en Corse depuis la guerre de 14, le maniement des armes était devenu chose commune.

L'Allemand fronça légèrement les sourcils en découvrant l'étrange lueur qui habitait les prunelles de Salomon.

– Merci, je sais où me planquer, dit-il. Allez, je file.

Deux secondes étaient passées.

La jeune femme allait tuer ses vis à vis, Salomon réalisa qu'il disposait de trois secondes, pas une de plus, pour mettre le plus de distance possible entre lui et le carnage qui se profilait. Il tourna les talons et partit dans un sprint effréné.

3-2-1... Boum !

Juste avant l'explosion, la jeune femme s'était plongée sur les corps des soldats italiens pour les empêcher de bouger, se sacrifiant pour les toucher de près. Surpris, ils n'avaient rien vu venir. Peut-être avaient-ils seulement songé que leur otage se révoltait et tentait des les gifler. En l'arrêtant devant chez elle, la kidnappant pour se donner du bon temps, alors que brûlait sa maison, que ses parents pleuraient de rage, ces monstres n'imaginaient pas une seconde qu'elle cachait une grenade dans ses sous-vêtements. Car pour elle, dès lors qu'on l'avait enlevée c'était fini. Ils ne la souilleraient jamais. Avec eux, elle vengerait toutes les humiliations subies par la Corse, et aussi son mari Lucien abattu par les Boches pendant la guerre, la Grande, celle de 14, tout ce temps depuis qu'elle était veuve.

Et voilà que l'explosion le emportait tous les trois.

Au moment de la déflagration, la kamikaze fut soufflée vers l'arrière. Son corps, emporté instantanément sous la force de l'impact, s'écrasa, désarticulé, contre une roue du side-car. Un bras déchiqueté vint s'échouer au pied de l'Allemand. Du sang sortit en cascade de sa bouche entrouverte tandis que ses yeux restaient fixement écarquillés.

Salomon ne put s'empêcher d'arrêter sa course. Il avait fait dix mètres en trois secondes, de quoi esquiver une blessure, mais quand même aussi se sentir KO, et ne plus rien entendre, sinon en vague écho le râle du motard qui lui aussi s'effondrait, victime d'un impact au cœur.

De toute sa puissance, l'explosion parvenait dans l'usine. Il y avait quatre corps au sol, et Salomon planté là, seul survivant, qui par sa présence se désignait comme auteur de l'attentat. Les soldats retranchés commençaient à sortir de leur planque et lui ne bougeait pas, les lèvres secouées de tremblements.

Il comprit au premier coup de feu. On lui tirait dessus. Il jouait sa vie, là. On allait le descendre comme un lapin. Une petite voix lui intima de déguerpir en slalomant. Il réussit à conserver son sang-froid pour courir comme il le fallait, et disparaitre dans le maquis entre les oliviers et les chênes verts, en direction des cimes qui maintenant se couvraient de teintes violettes et noires.

11

Comment bien embrasser ? Mattéo ruminait la question. Anxieux à chaque fois, il s'encombrait toujours de considérations techniques : comment respirer, comment bouger, comment tourner la langue et, surtout, comment ne pas produire un flot inconsidéré de salive, parvenir à ne pas trop baver, comme on dit.

Du côté de Luna, le contact avec la bouche d'une autre personne était envisagé avec autant de crainte. À Bastia, ses expériences n'avaient été motivées que par la pression des copines. Des essais sans sentiments, sans grand plaisir, sans traumatismes non plus. Luna se doutait bien qu'en avançant dans les années tout ça deviendrait plus léger, moins effrayant, plus agréable.

Et finalement ce baiser qui électrise, elle allait le donner à Mattéo qui tremblait devant elle.

Il était allé la chercher un peu plus tôt au lycée. Aucun des deux n'avaient jugé utile de casser l'ambiance en s'attardant sur les moments forts de leur journée respective – la rencontre avec Salomon pour Mattéo, la découverte d'une grand-mère tondue à la Libération pour

Luna –, et voilà qu'ils se tenaient au pied de la citadelle et de la cathédrale, sur le sable de Saint-François, la plage du centre-ville.

L'eau était à 17°. Ils pouvaient se baigner en plein décembre. Mais le soleil pâlissait lentement et s'enfuyait obliquement vers le sud-ouest. Adossés à la muraille des remparts, ils sentaient la chaleur des pierres sur leurs omoplates. Ils étaient si bien...

– Tiens, fit-il alors en sortant une boite élégante de son sac. Je suis passé à la Maison Filidori. Tu préfères quoi, l'éclair à la châtaigne ou la tarte au citron ?

– C'est ma pâtisserie préférée d'Ajaccio. Tu savais ?

Mattéo l'ignorait, simplement la devanture noire ultra chic de cette adresse l'avait attirée, il voulait comme un bijou pour Luna, on aurait pu se croire dans une grande métropole, ça faisait chic.

Ils dévorèrent chacun de leur côté puis, à force de poser les yeux sur le bleu magnifique de l'eau, d'observer quelques promeneurs, d'écouter le murmure des vaguelettes sur le ressac, le cri des mouettes, Mattéo se dit qu'il fallait dompter son cœur qui s'affolait derrière ses côtes. Il devait attaquer. Là ! Immédiatement !

Il tourna la tête et observa Luna. Elle tremblait de froid et lustrait ses lèvres à la recherche d'ultimes traces de meringue citronnée. Il sentait bien qu'elle n'allait pas s'écarter s'il approchait son visage, s'il savait s'y prendre, tendrement, en jouant avec ses cheveux, en lui caressant le visage. Alors le geste fut naturel. Il s'approcha d'elle doucement et la prit dans ses bras. Quelques secondes passèrent, à son tour Luna fit un geste en se blottissant dans son cou. Ils pouvaient rester longtemps ainsi, hors du monde, songea Mattéo, alors il se dégagea lentement de quelques centimètres, se pencha un brin, et trouva la bouche de la belle jeune fille à ses côtés. Leurs lèvres s'entrouvrirent, leurs langues s'entremêlèrent, Mattéo sentit que Luna se relâchait, mais lui, tendu comme un arc, rien à faire, il compta les secondes jusqu'à la fin : dix, neuf, huit, sept, six... zéro.

Allez, respire Mattéo !

– Ça va ? fit-il en s'adossant de nouveau à la muraille.

– Ça va, et toi ?

– Oui, c'était bien. Alors...

– Oui ?

– On est ensemble ?

– Je crois, enfin, si tu veux.

Bien sûr qu'il voulait ! De près, Luna n'était plus seulement une jolie créature, mais carrément une jeune fille magnifique, avec un faux air d'actrice, il ne se souvenait plus de son nom, une star d'autrefois... Ses grands yeux bleus l'impressionnaient, comme sa longue chevelure brune. Et cette beauté, eh bien, elle était pour lui. Le paradis !

Mais il devait se montrer un peu plus sûr de lui, sinon elle se lasserait vite. Alors il entreprit d'autres baisers sans plus se poser de questions ni compter les secondes.

En hiver, le froid tombe vite la nuit venue. Luna et Mattéo étaient encore pelotonnés l'un contre l'autre, heureux, laissant se déclencher une bonne dizaine de fois son répondeur à elle. Ils s'amélioraient à chaque seconde. « C'est ma mère », riait-elle.

De retour sur la promenade Lantivy, des grains de sable jusqu'aux oreilles, Luna écouta enfin les messages. Garance était morte d'inquiétude. Elle répondit simplement par SMS : « Tout va bien, je suis avec Mattéo. J'arrive par le car. »

Garance se prit le texto en pleine poire. Elle se faisait un sang d'encre à son bureau. Déjà qu'elle aimait remonter Luna au village, papoter entre filles durant le trajet... Non seulement elle l'attendait pour rien – mademoiselle rentrait par ses propres moyens –, mais voilà qu'un garçon faisait son apparition dans le paysage familial.

Mattéo ? Jamais entendu parler. Luna et lui étaient ensemble ? Une première, sa fille n'avait pas encore eu de petit copain. Pourvu que soit un camarade du lycée ! Fragile depuis la brève apparition d'Antoine, Garance se faisait des nœuds dans le cerveau. Bon, elle allait devoir s'adapter à cette nouveauté : sa fille en couple. Mais qu'on respecte son intimité, que les jeunes tourtereaux ne basculent pas dans la promiscuité. Autour d'elle, on parlait de ces « bébés couples » qui s'incrustaient chez les parents, faisaient vivre leurs ébats à toutes la maisonnée, n'en finissaient pas de se peloter sur le canapé, sans parler du frigo qu'ils vidaient consciencieusement.

Les nerfs en pelote, elle traversa Ajaccio et se retrouva chez elle, à boire des verres d'eau et se gaver de chips. Et après tout, pourquoi pas ? se dit-elle résignée.

Elle devait en finir avec ses pensées négatives. Au fond, seule comptait la joie de Luna. Ça ferait un peu bizarre un garçon entre elles, mais elle s'habituerait. Et puis ce serait un jeune homme de bonne composition, forcément. Sa fille ne pouvait commettre l'erreur de sortir avec un imbécile.

Luna débarqua un peu moins d'une heure après, souriante, hautaine, parfaite dans son rôle : « *Je ne suis plus la même depuis ce matin vous ne pouvez pas comprendre je vis un amour éternel* ». Elle s'enferma dans sa chambre et ne daigna sortir qu'une fois les pâtes servies dans son assiette.

Garance hésita, puis se lança :

– Mattéo, tu dis ?

– Oui, c'est son nom, répliqua Luna d'une insouciance royale.

Bruits de fourchettes contre les assiettes, sucions de spaghettis.

– C'est ton petit ami ?

– Oui.

– Et depuis longtemps ? s'acharna Garance.

– Quelques heures.

– Ah ! Bien, bon, bon, je ne vais pas t'embêter avec ça alors. Ton SMS était très sec. Ce Mattéo, je me suis demandé... Enfin, tu sais ce que disait ma mère ? *A sporta nova, aspetta prima di ghjudicalla.*

– Tu peux t'exprimer en Français ?

– Le panier neuf, attends avant de le juger. Mattéo, c'est une bonne nouvelle. Avec lui tu verras Ajaccio autrement. Tu te sentiras moins seule. Mais attends quand même un peu avant de tomber amoureuse, c'est un panier neuf.

– Maman, je t'en prie... Tu parles de toi, là. Tu souffres tellement de la séparation avec papa qu'on dirait que pour toi tous les hommes sont des...

– Tu as envie de te disputer ?

– Non, mais tu m'agresses. Je t'annonce une bonne nouvelle. Et toi, tout de suite, plutôt que de te réjouir tu me casses avec tes paniers...

– C'est bon ma fille, tes leçons... Allez, on change de sujet. Tu sais, avec ton père...

– J'ai compris maman... je ne veux pas parler de papa non plus. Débrouillez-vous tous les deux.

Garance se cabra un peu. Ce Mattéo, elle n'avait aucun problème à l'ignorer, mais ce silence autour d'elle et Antoine, elle n'en pouvait plus, la relation s'était apaisée ce matin, Luna devait savoir.

– J'ai aimé Antoine pendant vingt ans, ça n'a pas été facile de le quitter. Ton père est un *dunnaghju*, un homme à femmes, comme on dit chez nous. Peut-être qu'il m'a toujours fait pousser des cornes. N'empêche que jusqu'à aujourd'hui j'ai eu un mal fou à m'en séparer.

– Maman c'est ton problème ! Je ne veux rien entendre de vos affaires privées, tu m'entends ?

Luna se répétait en boucle que son père était en tort, à 100 %, qu'elle n'en revenait pas qu'il préfère la pouffe, la plus jeune, celle qui faisait bling-bling avec ses bracelets en argent et ses colliers en or. Mais elle préférait vraiment que tout ça reste flou, elle ne voulait pas d'une grande explication. Le départ de Bastia s'était fait dans la précipitation début juillet après une engueulade particulièrement violente. Une chape de plomb avait entouré le couple Sacheri ces six derniers mois. Et si, brièvement, elle avait espéré quelque chose hier soir, depuis ce matin elle jugeait toute réconciliation impossible.

– Mais je ne veux pas t'influencer, pas du tout, tu n'auras jamais à choisir entre ton père et ta mère, sourit faiblement Garance. Jamais je ne jouerais ce jeu-là, tu m'entends ? Tout est allé si vite cet été, j'ai été un peu perdue. Mais maintenant ça va mieux. C'était bien de marcher ce matin avec ton père. Pour la première fois nous nous sommes parlés calmement. Maintenant, on va se pencher sur notre avenir. Je ne sais plus si c'est une très bonne idée de vivre dans ce village. On peut se serrer un peu la ceinture et habiter Ajaccio, tu crois pas ? Ton père va jouer le jeu, donner un peu plus d'argent que prévu. Les gens heureux, ça existe, tu sais. On va se mettre à leur ressembler...

Une lueur éclaira le visage de Garance. L'orage passait. La vie reprenait ses droits, toutes les parties en présence sentaient maintenant qu'elles parviendraient à surmonter l'épreuve du divorce.

Du coup elles se turent un moment. Songeuse, Luna tritura sa fourchette. Son père expédié à Bastia, le portrait de Mina revenait la hanter. Elle avait réussi à effacer le choc de sa découverte en flirtant avec Mattéo. Elle voulait savoir, mais en même temps elle craignait de bousculer sa mère, d'ajouter de la peine à la peine. Elle interrogea timidement :

– Tu sais pourquoi Mina a quitté la Corse ? Avant l'assassinat du type, tu sais j'étais juste en face de la Collectivité. Là, j'ai pensé à elle. Qu'est-ce qui lui a pris de quitter un job dans un palace ?

Surprise, Garance fronça les sourcils et réfléchit un instant. Dans sa prime jeunesse, sa mère avait travaillé quelques années au Grand Hôtel Continental. Un poste de femme de chambre qui lui avait permis de quitter son petit village de Borgo. Des années restées mystérieuses dans la famille.

– Je ne sais pas très bien en fait. Je crois qu'avec la guerre l'hôtel est devenu un peu miteux. Il n'y avait sans doute pas d'avenir pour elle là-bas.

– Tu ne t'es jamais demandée si elle s'était enfuie ?

– Pourquoi je me serais demandée une chose pareille ? Elle est partie chercher du travail sur le Continent, comme de nombreux Corses.

– Oui, bien sûr, recula Luna. Mais dis-moi, avant papi, tu ne crois pas que Mina a eu un amour de jeunesse ? Une grande histoire tragique, tu vois le genre... J'adore cette photo que tu avais dans ton bureau. Elle est si belle. Les garçons devaient être fous d'elle, non ? Tu l'as rangé où, ce portrait ?

– Toujours dans un carton. Mais qu'elle soit tombée amoureuse sans se fiancer alors là, tu es folle ! Mina est arrivée à Marseille quand elle avait vingt ans, mon père a forcément été son premier homme. À l'époque, tu sais, ça ne se faisait pas du tout d'avoir une aventure avant le mariage.

Luna ressentit alors une évidence. Garance n'avait absolument aucune idée du passé de Mina. Rien n'avait filtré dans la famille. Rentrant chez elle, elle avait commencé à se convaincre qu'elle rêvait, qu'elle se trompait : le style de la photo, le noir et blanc, l'induisait en erreur. Mais là, regardant sa mère avec le souvenir de cette jeune femme suppliciée, les traits communs sautaient aux yeux.

C'était fou comme Garance ressemblait à Mina jeune. Et totalement dingue comme celle-ci ressemblait à la « tondue » de Borgo.

– S'il te plait, fit-elle doucement, tu pourrais me montrer la photo ?

– Maintenant ? Mais qu'est-ce qui te prends ? Tu l'as eu sous les yeux pendant toute ton enfance.

– Vas-y, je voudrais nous comparer toutes les trois...

Garance s'absenta quelques instants. Elle revint avec ce beau portrait noir et blanc réalisé à la fin des années quarante dans un studio photo de Marseille tenu par un Arménien. Luna l'adorait, car elle lui rappelait ces clichés *Harcourt* en noir et blanc des vedettes d'autrefois. Mina jeune était très belle, et nul doute qu'elle tapait dans l'œil des jolis cœurs.

Elle présenta le cadre en se tenant juste derrière sa fille, comme pour ne pas lui faire face, respirant un peu fort dans son dos, debout, et les épaules un peu voûtées. Aussitôt, Luna sentit ses forces l'abandonner. Plus aucune hésitation : c'était bien la femme des archives départementales, ce cliché qui lui avait bondi au visage ! Elle avait si souvent observé le portrait « Harcourt », il était gravé dans sa mémoire, qu'une erreur aurait d'ailleurs été bien étonnante. Sa grand-mère Adèle avait bien été tondue pour « collaboration horizontale » ! Voilà pourquoi elle s'était enfuie, avait gagné Marseille, refait sa vie loin de son île natale.

Luna respira un peu fort pour recouvrer son calme. Fallait-il infliger à Garance la découverte d'une mère martyrisée par la foule ? Briser maintenant ce terrible secret de famille ? Elle secoua la tête pour se remettre les idées au clair. Mina avait admirablement effacé les traces de son passé. Que s'était-il passé ? Était-elle amoureuse ? Ou piégée ? Indifférente aux Chemises noires ? Ou fasciste de la première heure ? Ou même délatrice avec du sang sur les mains ?

Toutes ces questions étaient bouleversantes car rien n'avait jamais filtré de la jeunesse de Mina jeune, la belle Adèle. Probablement que même son mari ignorait la toile dont elle était à la fois l'araignée et la mouche.

Tant de doutes... Luna conclut alors que Garance n'aurait pas le courage de faire face à ce cataclysme. Son cœur saignait déjà tellement... C'était à elle de se débrouiller, de s'aventurer sur le chemin étroit de la vérité.

– Je me disais... Tu penses que je pourrais demander à Mina de me raconter sa vie sous l'occupation ? J'ai passé l'après-midi aux Archives départementales. À consulter des tracts, des journaux, des photos... C'est un peu poussiéreux tout ça. Ce serait bien de l'interviewer pour mon exposé.

– Tu changes de thème ? l'interrompit Garance. Tu ne travailles pas sur la protection des Juifs ?

– Si, mais un peu de contexte ne ferait pas de mal, se reprit-elle. Notre prof d'Histoire dit tout le temps que sa matière est comme un organisme vivant. J'ai cette chance d'avoir un témoin sous la main... parce que, tu vois, les listes de recensement des Juifs exigés par Vichy, c'est un peu sec.

– Appelle-là, tu verras bien ! Mais je n'ai pas le souvenir d'une seule conversation sur cette époque. Mina a toujours fait comme si ce temps n'existait pas pour elle. Bon courage à toi !

Garance entretenait des relations un peu houleuses avec sa mère. Adèle Ceccaldi vivait à Marseille. Elle avait connu son mari, Sauveur le bien nommé, aux Halles Delacroix. Elle vendait du poisson, lui était patron-pêcheur. C'était aujourd'hui une vieille dame sévère, à la peau grêlée, qui se déplaçait appuyée sur une canne, sa petite silhouette rasant le parquet d'un vieil appartement du quartier du Panier. Garance tenait sa joie de vivre de son père, un homme à la gentillesse constante. Mais il était mort depuis vingt ans déjà, et sa femme terminait son existence méchamment, critiquant tout le monde autour d'elle.

– D'accord, je vais l'appeler, je profiterais des fêtes, opina Luna.

Puis elle feignit de s'interroger :

– Tu sais, j'ai vu dans les archives la photo d'une résistante qui ressemble incroyablement à Mina. Peut-être qu'elle ne t'a rien dit, qu'en fait c'est une héroïne.

– Impossible ! la détrompa Garance. La vie de maman se résume assez tristement : fille de paysans élevée par des sœurs à Bastia, femme de chambre au Grand hôtel Continental, rencontre avec son mari à Marseille. Papa ne voulait qu'un enfant, et voilà, rien d'autre de notable.

Et voilà ? sourit Luna.

Elle n'était qu'au lycée, mais elle savait déjà que la vie ne cesse de jouer des tours à ceux qui croient tout prévoir, tout baliser. Surtout quand ces personnes s'y attendent le moins.

12

Luna n'arrêtait pas d'y songer, mais elle tenait bon : elle attendrait les vacances de Noël pour téléphoner d'un air détaché à Mina.

En attendant, Mattéo occupait toutes ses pensées. Surtout que leur relation s'avérait un peu compliquée. Un voile noir entourait sa famille : elle ne connaissait pas vraiment son adresse, il changeait de sujet à la moindre allusion à sa sœur collégienne à Laetitia Bonaparte, il haussait les épaules au sujet des ses parents, impossible de savoir ce qu'ils faisaient, de quel village, de quel clan, de quelle lignée sa famille, les Tazi, étaient originaires. Mattéo éludait à chaque perche que Luna lui tendait. Une réaction bizarre sur une île où chacun s'apostrophait par un : « Ah, tu es le fils ou la fille de... »

Un peu de mystère et d'anonymat ne faisaient pas de mal non plus, se consolait-elle. Et puis, s'agissait-il vraiment de se parler ? Au juste, ils ne faisaient que s'embrasser depuis deux semaines qu'ils sortaient ensemble. De préférence sur la plage. Elle sentait bien qu'elle ne mettrait pas les pieds chez lui avant une éternité. S'ils allaient plus loin, ce serait à elle d'ouvrir sa chambre. Ce serait sa première fois. Mais pas d'urgence. Là aussi, elle voulait laisser passer Noël. Voir si tout cela était sérieux.

Le dernier jour de classe, elle trouva Mattéo très préoccupé, la mine fermée. Quand elle lui proposa d'aller au cinéma après les cours, il se fit incroyablement distant et prétexta une obligation familiale pour rentrer chez lui. Il risquait de se réveiller tard le lendemain, mais, promis, il l'appellerait dès que possible.

Vers deux heures du matin, ce soir là, Mattéo glissa un pochoir dans son sac à dos, choisit trois bombes (du noir, du blanc et du rouge), vérifia la présence de ses lunettes, masque et gants pour se protéger, et sortit discrètement sans réveiller ses parents.

Les ordres de Salomon étaient clairs : il devait profiter de la ville déserte à la veille du réveillon pour taguer sept points emblématiques d'Ajaccio. Les habitants se réveilleraient avec une drôle d'impression : la réapparition d'un passé féroce, six décennies après le passage des nazis et des Chemises noires sur l'île.

Une pluie froide cinglait les rues, le brouillard nimbait immeubles et bâtiments publics. Avec sa tenue noire et sa capuche, Mattéo se fondait dans l'obscurité, avançait à l'instinct, dans un état un peu second. À un moment, il se fit un film : avec cette météo fantomatique, des soldats allemands en patrouille, baïonnette en bandoulière, allaient surgir dans un bruit de bottes et de chants militaires. Puis il reprit ses esprits, se concentra. L'ennemi du graffeur est l'adrénaline. Les têtes brulées ne font pas long feu dans le milieu. À Marseille, Jonathan, alias

Zoka, venait de tomber d'un toit pour échapper à deux pompiers et deux policiers. Il y avait quand même un risque mortel à exercer sa discipline...

Porté par les semelles silencieuses de ses baskets, il fila au centre-ville, sa marche escortée par le bruit métallique des aérosols qui se cognaient l'un contre l'autre. Parvenu place des Palmiers, il reprit ses esprits et tourna la tête dans tous les sens. Personne autour de la mairie. Il avisa les deux colonnes de la porte d'entrée, fit quelques pas sur sa droite, et choisit de se planter entre deux fenêtres du rez-de-chaussée. Il jugea l'espace suffisant et l'impact visuel puissant à des dizaines de mètres à la ronde. Rapidement fixé par des adhésifs, son immense matrice canson 220 grammes recouvrit sur un mètre carré la façade « rose crustacé ». Il n'avait plus qu'à bomber, se protéger les yeux, le nez, les mains.

Mattéo secoua ses aérosols et appuya sur la valve. Premier jet, brume noire, puis des vapeurs de rouge, de blanc... Les bras dans tous les sens, le corps agile, élastique, il s'exécuta dix bonnes minutes, sans jamais s'arrêter, comme possédé. Il décolla finalement son pochoir puis apparurent, ses lettrages et son personnage. Il se sentait déjà vidé, la main crispée et endolorie à trop serrer sa bombe. Prenant un peu de recul, il fronça les sourcils... et finit par sourire. Salomon avait passé commande mais, en fin de compte, c'était son œuvre qui se présentait. Avec cette sensation incroyable. C'était réussi ! D'un point de vu artistique, l'œuvre apparaissait même très sophistiquée. « Je suis bon, putain, vachement bon ! », frémit-t-il. C'était son premier grand coup. Anonyme, bien sûr, mais un jour il pourrait s'en vanter.

Le dessin avait été dicté par Salomon. Il voulait une réplique des affiches de Légion des Volontaires Français contre le bolchévisme, l'effigie d'un soldat de type aryen, avec son casque, sa lance et son bouclier. Sous l'air menaçant du combattant, une légende en lettres rouges sautait des années de l'occupation à aujourd'hui :

Ni oubli, ni pardon, clan Fabiani, collabos !

Au début, Mattéo n'avait rien compris. Salomon lui parlait de la représentation comme si elle était évidente, répétant que ces salopards de fascistes se reconnaîtraient, que personne n'avait oublié cette époque chez les anciens, et que pour les autres, eh bien, les journalistes feraient leur boulot. Car exprimé comme ça, sur les murs de la ville, c'était vraiment incompréhensible. Sauf à faire partie des vieilles familles ajacciennes, car celles-là se souvenaient toutes d'Ange Fabiani, cette ordure qui avait fait un petit tour sur le front russe sous l'uniforme de la Waffen SS. Salomon le poursuivait d'une interminable vendetta. Mattéo ne savait pas pourquoi.

Face à lui, ça sentait la peinture fraiche, le meilleur parfum du monde. Taguer les murs lui permettait de se sentir vraiment « quelqu'un ». Il serait bien resté un moment planté là. Mais il ne fallait pas déroger à certaines règles : bomber vite et se tirer, ne jamais s'attarder. Un vigile pouvait surgir de la mairie, les locaux étaient sans doute gardés 24 h/24 h.

Le froid continuait à sévir. Un frisson glacial le parcourait de haut en bas. Il se précipita à grandes enjambées du côté de la cathédrale. Il se sentait un peu mal à l'idée de souiller un monument inspiré de la Renaissance, copié sur la basilique Saint-Pierre de Rome. Mais

Salomon l'avait exigé, alors il inspira fort sur le parvis et il s'exécuta sous le porche. L'émotion était là. Car à bien y réfléchir, c'était l'endroit où il risquait le plus gros.

Les autorités ne pardonneraient pas à un Arabe un tel sacrilège.

Toute honte bue, il détala vite fait après son infraction. Direction la Halle aux poissons, puis la porte cochère attenante à la brasserie du Diamant, puis la devanture du Monoprix, puis les locaux de Corse Matin et, enfin, l'antiquaire de la rue du cardinal Fesch.

Ses sept péchés accomplis, Mattéo se glissa sous sa couette autour de quatre heures du matin. Il ne s'écoulerait plus beaucoup de temps avant qu'Ajaccio se demande ce que le clan Fabiani avait bien pu faire pendant la guerre. D'autant que les fils du sinistre Ange Fabiani, toujours vivants, figuraient parmi les notables les plus influents de la ville. L'un dirigeait une clinique privée, l'autre des hypermarchés, tandis que le troisième se présentait à l'élection des membres de la Chambre d'agriculture.

SALOMON, 1943

Après avoir risqué sa vie à Barchetta, Salomon imagina qu'il ferait irruption le lendemain dans l'usine à coups de grenades et de mitraillettes. Mais les patriotes corses regroupés par le Front National n'eurent pas le même plan en tête. D'autres camarades livrèrent cette bataille avant lui.

Tout au long du mois que dura l'insurrection, sa colonne fut d'ailleurs systématiquement assignée à des missions de reconnaissance loin des zones de combats. Elle parvint toujours avec un temps de retard sur une bataille ou un sabotage. La libération de l'île coûta la vie à cent soixante-douze résistants, mais lui et ses proches camarades ne souffrirent d'aucune égratignure, à croire qu'on les écartait. De toute façon que pouvait-il, combattant d'à peine quinze ans, maintenant que des bataillons de choc prenaient la relève ?

Il ne serait jamais ce surhomme couvert du sang de l'ennemi nazi, titubant jusqu'à chez lui pour serrer dans ses bras poussiéreux sa mère morte d'inquiétude.

À Ajaccio, une autorité nommée par le Front national gouvernait la ville. Quand une quarantaine d'Allemands restèrent bloqués non loin, du côté de la batterie côtière de la Parata, Salomon supplia son chef de partir les combattre. Le sang chaud comme jamais, il finit par obtenir gain de cause, à condition que Vicente l'accompagne. Mais à l'arrivée la désillusion fut totale. Un commandant italien venait de permettre leur évacuation par la mer. C'était ça ou un bombardement de la ville par une escadrille de la Luftwaffe venue tout droit d'Allemagne.

Salomon se précipita alors rue du Cardinal Fesch. Comme il lui avait manqué, ce quartier populaire peuplé de pêcheurs, de corailleurs, de teinturiers et de blanchisseurs ! Sur les pentes d'Asco, combien de fois avait-il regretté ces ruelles qui étaient un peu comme une scène de théâtre pour les adultes et un jardin pour les enfants ? On parlait fort, on riait, on refaisait le monde. Il salua quelques voisins installés sur les pas de porte pour prendre le frais. Et fou de joie frappa à la porte de l'atelier.

Contre toute attente, celle-ci s'ouvrit sur son père. Lui aussi débarquait tout juste d'Asco, à pied, libéré. Réunie, la famille pouvait reprendre sa vie comme elle l'avait laissée avant la guerre. Autour d'eux, débarquaient des Français d'Alger, un corps d'armée de six mille hommes se déployait, avec quatre cent tonnes d'armes, des jeeps, des pièces antiaériennes, du carburant et des vivres. Avec une telle protection ils ne vivraient plus jamais sous la menace de persécutions.

Mais bien sûr Francette manquait à l'appel ! Et d'y songer chez lui, face à une jupe ou un joli soulier que sa mère ne parvenait pas à ranger ou donner, ces cruelles évocations d'absence, eh bien, voilà que s'effaçaient les bonnes résolutions qu'il s'étaient faites quelques jours plus tôt en chemin vers l'usine de Barchetta. Son avenir paisible dans un monde d'après guerre ? Cette paysanne transformée en kamikaze lui montrait le chemin qu'il voulait emprunter d'instinct, aussitôt après la mort de Francette. Les Italiens n'avaient pas volé leur châtiment, eux qui pillaient, incendiaient, et s'apprêtaient à violer. Mais le motard Allemand, cet homme qui s'apprêtait à lui venir en aide, victime collatérale ? Salomon choisit d'oublier son visage bienveillant, de ne pas s'interroger là-dessus.

Secrètement, il passa à l'exécution du plan qu'il s'était juré d'honorer à la disparition de Francette.

Le temps pressait. L'idée que les Chemises noires responsables de sa mort quittent la Corse le rendait dingue. Ces hommes avaient-ils déjà disparus ? Il ne connaissait même pas le nom de ces soudards aux bottes bien cirées, aux bérets vissés sur la tête. Mais il pouvait quand même décrire très précisément ce trio. Le tout maigre, le tout gros, celui aux airs d'étudiant. Trois visages inoubliables, comme trois coups frappés à la porte du malheur.

Salomon se précipita au quartier général des cruelles *Camisgie nere*. En chemin, il passa devant les locaux de la milice, du Parti populaire français, des journaux collaborateurs, tous mis à sac. Autour de lui on chantait La Marseillaise. Quelle joie !

Avec son brassard, et dans la pagaille générale, on le laissa entrer dans la Citadelle, fouiller parmi les restes de présence fasciste. Ils étaient restés un peu moins d'une année, mais largement le temps de voler tout ce qui leur tombait sous la main et se prendre pour les rois du monde. Des flacons de parfum, des bouteilles de champagne vides, des traces de nourritures, des papiers épars sur des bureaux ou à même le sol témoignaient d'une fuite précipitée.

Italiani bravi gente... Maintenant que les troupes de Mussolini avaient changé de camp, on commençait à entendre cette maxime dans les rues d'Ajaccio. Mais il ne fallait quand même pas aller trop vite en besogne. Certains, rattachés au colonel Canioni, valaient largement les Allemands.

La rage au ventre, Salomon se mit à tout retourner. Remontaient dans son cerveau le saccage de sa maison et les billets volés. Il valait mieux ne pas songer à la gifle administrée à sa sœur, sinon il deviendrait complètement fou. Non, il devait agir avec méthode, être sûr de ne rien rater. Une photo, un dossier... Il faisait encore chaud et poisseux, il suait à grosses gouttes, mais nulle trace du trio maléfique.

Salomon se dit qu'il pouvait inlassablement faire le tour de la ville, à un moment quelqu'un se souviendrait d'un nom, le trio ne passait pas inaperçu avec sa Traction-avant. Mais là, il devait aller vite. Ce fut alors qu'il songea à Vicente. Depuis le maquis, le gendarme mettait à la disposition de la résistance maintes facilités : délivrance de faux papiers, indication des opérations et arrestations programmées par les Chemises noires, communication avec les détenus, relevés de troupes d'occupation, effectif et armement, dates et heures des déplacements des résistants arrêtés, détection de traîtres...

Ce fut réglé en un coup de fil.

Selon la description de Salomon – le maigre, le gros, l'étudiant –, Vicente recueillit trois noms. Personne ne les avait oubliés ces trois salopards. Au moins deux d'entre eux, à la recherche systématique de vivres, d'un butin de guerre, brûlaient les maisons au lance-flammes.

« L'étudiant » était le sous-officier Macri, l'efflanqué s'appelait Videla, le répugnant tas de graisse Sacco.

Ces trois vauriens détalaient en ce moment même. Bien sûr, Salomon pouvait espérer les retrouver plus tard, en Italie, une fois la paix revenue. Mais son instinct lui disait qu'ils n'avaient pas encore quitté l'île. Qu'il n'était pas trop tard pour leur mettre la main dessus. Conformément à l'amnistie, les soldats Italiens qui évacuaient la Corse allaient embarquer depuis Bonifacio, direction la Sardaigne juste en face. Ils seraient fouillés et identifiés sur le quai. Les éléments restés fidèles au Duce ou ceux ayant exercés des sévices sur les patriotes ne seraient pas assez fous pour se mêler à eux. On pourrait les reconnaître et ils relevaient du tribunal militaire.

Pour sauver leur peau, Macri, Videla et Sacco pouvaient tenter une autre aventure. Peut-être qu'en ce moment même ils se joignaient à la 90e Panzer Grenadier Division qui fuyait la Sardaigne et traversait la Corse par la plaine orientale. Ajaccio festoyait, les montages et l'Ouest de l'île retrouvaient leur existence libre et farouche, mais entre Porto Vecchio et Bastia, comme ces colonnes de fourmis légionnaires en marche qui avancent tout droit sans se préoccuper des obstacles, les troupes d'Hitler convergeaient en direction de deux aérodromes, Ghisonaccia et Borgo-Bastia, d'où des centaines de *Junkers* et *Messerschmitt* s'envolaient pour leu front italien, du côté de Livourne.

Bien sûr, Salomon voulut s'en mêler.

On était là dans une affaire sérieuse, qui échappait aux petits groupes de résistance comme le sien, et Salomon assista les bras croisés à cette guerre entre adultes. Ce furent les goumiers du général Giraud qui lancèrent les attaques. Marocains et Sénégalais partaient à l'assaut, soutenus par des chars américains. Tandis que l'aviation alliée pourchassait les avions et bateaux de transport allemands.

La seule journée du 25 septembre, onze *Junkers* étaient abattus. Salomon accueillit ça avec une joie malsaine.

– Des jeunes gens disparaissaient corps et âmes dans la mer, lui rappelait Esther.

– C'est la guerre, pas de pitié, répondait son fils.

Les nouvelles étaient mauvaises et la tension n'en finissait plus de croitre à Bastia. Les Allemands reprenaient la ville aux Italiens. Les pertes civiles s'avéraient nombreuses, les quartiers du port et de la gare ravagés.

Encore une fois, c'était fini pour lui ! Ni ses chefs ni ses parents ne le laisseraient prendre part à l'explosion des dépôts d'armes, de munitions et de carburants. Jamais il ne partirait harceler la Wehrmacht.

Finalement, les derniers navires allemands évacuèrent leurs troupes dans une explosion d'obus. Amer,

Salomon imagina ce spectacle de la mer éructant de toute part des geysers. Pour couvrir les derniers fuyards, des charges traîtresses explosaient un peu partout en ville. Les cent soixante-dix morts dans la population restèrent une notion vague pour lui. À 23 h, le 3 octobre, le général Von Senger, donnait enfin son dernier ordre d'évacuation : *« En avant toute ! »*. Et au matin, il n'y eut plus un ennemi sur l'île.

La prise de Bastia signait une victoire éclatante, rien de moins que la défaite en un mois du monstre fasciste. L'île était devenu le premier département français libéré. Une victoire au goût amer pour Salomon qui voyait disparaître en Italie le trio de Chemises noire.

Pour lui tout semblait perdu, donc, jusqu'à cette visite de Vicente à l'atelier. Les frères d'armes prirent soin de sortir dans la rue.

– J'ai du nouveau pour toi, fit le gendarme sourire aux lèvres. Macri, le sous-officier, il avait une maîtresse. Une femme de chambre du Grand Hôtel Continental. Adèle qu'elle s'appelle. Une sacrée beauté d'après le directeur du palace ! Ils se sont enfuis ensemble le jour de l'insurrection. Ils ont trouvé refuge à Bastia car ils souhaitaient tous les deux s'embarquer pour l'Italie. Apparemment, les Allemands n'ont pas voulu évacuer la boniche. Macri l'a tout simplement laissé tomber. Elle s'est réfugiée dans son village natal, et là-bas quelqu'un l'a dénoncée : collaboration horizontale. On s'est occupé d'elle.

Vicente tendit une photo. Salomon la contempla pensivement. Il trouverait un moyen d'aller la voir et de l'interroger, cette jolie brune à la robe retroussée.

Au verso, figurait une légende en guise d'adresse : la tondue de Borgo.

13

Entre filles, le réveillon s'était déroulé d'une façon étrangement joyeuse. Habillées soigneusement l'une pour l'autre, Garance et Luna avaient dégusté un vrai dîner de fêtes : brouillade d'œufs aux oursins en entrée, cabri confi aux baies de myrtes en plat, bûche de Noël à la farine de châtaigne en dessert. Pour une fois, Luna avait eu droit à du champagne. Maintenant, elles prenaient le bateau pour les îles Sanguinaires, laissant derrière elle la torpeur d'un 25 décembre.

Le phare, la mer, des récits de naufrages, des histoires de bandits corses... De Flaubert à Maupassant, Daudet et Matisse, l'archipel avait toujours marqué les artistes, Garance s'était dit qu'une virée en mer suivit d'une petite rando leur ferait le plus grand bien pour brûler les calories de la veille.

Luna enjamba la passerelle derrière sa mère et sauta à bord du *Capu Portu*, un ferry blanc et bleu qui faisait la navette. Elle se faufila à travers une centaine de personnes qui avaient eu la même idée qu'elles puis, accoudée au bastingage, contempla pensivement l'eau cristalline chatouillée par les posidonies. Mattéo étaient quand même un peu bizarre. Aucune nouvelle hier. Juste ce matin un « Joyeux Noël ! » un peu trop facile. Elle n'avait même pas répondu à son SMS.

Le capitaine fit sonner un signal de départ. Le moteur émit un son rauque, l'eau dormante s'agita sous l'hélice. Cap sur la plus grande île des Sanguinaires, Mezzu Mare, la seule qui s'explorait à pied. On longea longuement Ajaccio, puis l'ourlet blanc de l'écume autour de l'archipel apparut à l'extrémité nord du golfe. Du bateau, surgit une terre rougeâtre formée de ravins, d'oliviers sauvages, de myrtes et de bruyères arborescentes, un site à couper le souffle seulement peuplé d'oiseaux de mer et de lézards. Escorté par les cris rauques des goélands et cormorans, le ferry tourna pour s'arrimer à un ponton. Le *Capu Portu* proposait un arrêt fixe d'une heure.

– Tu es au pays de la peste noire, s'amusa Garance avant de débarquer, c'est ici qu'on logeait autrefois les marins en quarantaine.

– Sympa...

Chacun joua des coudes pour toucher pied à terre, Luna s'extirpa de la foule en souriant à sa mère. Sur le ponton, son regard tomba sur une paire de Dr Martens, un magnifique modèle de la collection *for live*. Marin chargé de l'amarrage, son propriétaire se tenait fièrement campé sur ses solides semelles, le cuir des chaussures légèrement customisé : un genre de dorure représentait le profil d'une tête de Maure coiffée d'un bandana que l'on retrouve sur le drapeau corse.

C'était discret, réussi et... totalement flippant.

Une seconde, car elle ne voulut pas croiser son regard, Luna releva la tête sur l'homme aux Dr Martens. Des joues creuses, des cheveux en brosse, et surtout des yeux vides, absents, abandonnés dans leurs orbites comme au fond d'une cave. Luna détourna la tête et parvint à sourire. Surtout ne pas trahir le tourbillon qui la saisissait... Car, brusquement, ça lui revenait : ces chaussures étaient celles du tireur à la moto ! Le détail de cette tête de Maure lui avait échappé sur le coup. Mais il était gravé dans sa mémoire. Et là, il remontait, sans aucun doute possible !

Mister Dr Martens s'alluma une cigarette et héla un coéquipier resté à bord du *Capu Portu*. Luna suivit la voix. Ses yeux atterrirent sur un colosse au crâne rasé, un balèze à l'air rustre. Là encore, elle se figea. Ce visage tanné, crevassé, la ramenait lui aussi à l'assassinat. Elle canalisa ses pensées et... bingo ! Celui-ci était l'homme au téléphone ! Un guetteur ! Le passant que Mattéo avait maladroitement bousculé avant la fusillade.

Des frissons glacés la parcourent. Si ces deux-là travaillaient ensemble, si l'un se trouvait sur la moto et l'autre sur le trottoir le jour de l'assassinat, eh bien, à tous les coups ils avaient agi en complices le jour du meurtre. Elle eut soudain très peur. Eux aussi pouvaient la reconnaître ! C'était même peut-être déjà fait pendant la traversée.

Elle attrapa le bras de sa mère et s'engagea sur la rampe destinée à protéger la faune et la flore.

– Mais qu'est-ce qui te prend ? s'alarma Garance après une centaine de mètres à marche soutenue.

– Vite, je te dirais en haut, répliqua Luna totalement paniquée.

Elles progressèrent sur un chemin aride, comme rongée par la lèpre, régulièrement interrompues par les « Qu'est-ce qu'il y a ? » de plus en plus agacés de Garance.

Un aigle rentrant à la tour génoise permit de faire diversion. Il passait majestueusement dans l'immense horizon d'eau et de soleil, oui, c'était magnifique convinrent mère et fille. À leur arrivée au phare, le monument leur apparut indestructible avec sa plate-forme de maçonnerie blanche et sa tour carrée en pierres apparentes d'allure médiévale. Juste au-dessus d'elles, la lanterne flambait au soleil. Luna tourna la tête de tous côtés, personne à la ronde.

– Il y a deux mecs en bas, haleta-t-elle. Je les ai reconnus. Tout m'est revenu d'un coup : la moto noire, les visières, les tenues de cuir, et les Doc Martens du tireur... J'étais à quelques mètres et j'ai vu une tête de Maure sur ses chaussures. J'en suis certaine maman, c'est lui ! Un complice est là aussi.

– Attends, qu'est-ce que tu racontes !

– Maman, depuis l'assassinat je n'ai pas arrêté de me rejouer la scène, parfois au ralenti. Je te dis que des Doc Martens comme ça, il n'y en pas deux paires dans l'île. C'est le même type. Le tueur est en bas !

– Et l'autre, c'est qui ?

– On l'a croisé avec Mattéo avant les coups de feu. Une sentinelle... Les deux étaient là-bas... et je les retrouve ici. Forcément, ils ont fait le coup ensemble.

– Sans doute, mais... Attends, laisse-moi réfléchir...

À son tour, Garance fit un bond dans le temps. Elle se remémora la colère qui l'avait prise au retour de sa fille à la maison, la peur d'une balle perdue, d'un traumatisme profond, et comment elle avait interpellé la société corse dans son article. Puisqu'il y avait sa signature au bas de la page, elle s'était désignée auprès des assassins de Simon Bruni. Elle incitait chacun à ne plus se taire, à en finir avec les cycles de vengeances privées, les tueurs pouvaient l'identifier : il suffisait de taper son nom sur internet pour qu'apparaisse sa photo.

Elle se fit alors la même réflexion que Luna : ces cinglés l'avaient peut-être reconnue sur le bateau. Des types comme ça sont incontrôlables. Pouvaient-ils venir les menacer ici, sur ces îles sanguinaires qui n'auraient jamais aussi bien portée leur nom ?

– Ils ont forcément lu le *Corse Matin*, récapitula Luna un peu plus calme. Ils ont vu ta signature et le type du téléphone peut se souvenir de mon visage. S'ils nous ont reconnu pendant la traversée ils sont capables de revenir à l'assassinat. Exactement comme j'ai fait avec eux !

– Si le commando avait voulu me menacer il l'aurait déjà fait, opposa Garance. C'est facile de me trouver à Ajaccio. Par contre, ils peuvent craindre que tu relances l'enquête en les identifiant par un portrait-robot. Mais à condition qu'ils aient vu ton trouble sur le ponton. Tu as eu un geste de peur, une attitude bizarre ? Tes yeux se sont attardés sur les Doc Martens ? Tu les as observé attentivement ?

Tout avait été si vite. Luna réfléchit.

– Tu t'es débrouillée pour rester indifférente devant eux ? relança Garance ?

– Je me suis bien contrôlée, affirma enfin Luna. Impossible qu'ils se soient rendus compte de quoi que se soit.

– Alors tout va bien ma fille, ne crains rien. Je sais qui contacter à la police, tout va bien se passer.

Elles firent le tour du phare et rattrapèrent les promeneurs éblouis par la beauté du chapelet d'îles autour d'eux. Ils se déplaçaient en troupeau sur le sentier à hauteur des ruines de l'ancien lazaret[1] destiné aux pêcheurs de corail en quarantaine à leur retour d'Afrique. C'était mieux de se fondre avec eux dans la masse.

Juste avant de redescendre au ponton, Garance éprouva du remord. Son ton badin pour rassurer Luna ne parvenait pas à dissiper l'ombre sinistre qui planait autour des deux criminels. Elle pensait sincèrement qu'elles ne risquaient rien, là, en pleine croisière. Mais ne serait-il pas trop tard quand Luna ferait sa déposition ? Avait-elle l'assurance que ces deux hommes attendraient sagement les enquêteurs. Qu'ils n'iraient pas aux chèvres, comme on disait de ceux qui prenaient le maquis. Ils risquaient d'échapper à la justice alors qu'elle les tenait ! Il ne fallait pas tergiverser. Elle devait les balancer.

Appeler tout de suite les enquêteurs, c'était facile pour elle, son portable renfermait les bons numéros, à elle de choisir sa section, la PJ, la crim, l'antiterroriste. Mais quelque chose la retint... Ces messieurs de

1. Poste sanitaire où sont isolés les malades suspectés de portés une maladie infectieuse.

la police étaient capables de ne pas la croire, ou de la rappeler au mauvais moment sur le bateau ou même, pire, de rendre publique sa dénonciation. Comme une trainée de poudre son nom serait évoqué dans tout Ajaccio. Passer pour un informateur n'était pas la meilleure façon d'exercer son métier de journaliste. Qui lui ferait confiance après ça ?

Et puis... Elle était bien placée pour savoir comment les voyous déjouaient les arrestations et les chausse-trappes : contact dans la police avec d'étranges anges-gardiens, des « flics en main », et même espionnage des fréquences en direct. Les opérations en cours étaient parfois écoutées, les filatures en voiture banalisée révélées...

Elle eut alors une idée pour ne pas attirer l'attention et brouiller les pistes. Son confrère Jean-Jo, spécialisé dans le grand banditisme, connaissait la musique. Elle pouvait lui faire confiance, c'était presque un ami : il saurait contacter un inspecteur intègre, incorruptible. Un flic qui s'y prendrait avec douceur après leur départ du *Capu Portu*... *Cu parenti e amizia, si vince ancu a justizia*[1] dit un vieux proverbe. Elle s'immobilisa net et retint Luna à ses côtés.

– Salut ma grande ! fit joyeusement son collègue.

– Tu m'écoutes bien Jean-Jo ? Je vais t'envoyer un SMS. Tu auras peu de temps. Compris ? Allez, *basgi*[2] !

Elle éluda – comme si les deux malfrats plus bas pouvaient l'entendre –, et se jeta sur son clavier pour

1. *Avec la famille et les amis, on surpasse la justice.*
2. Bisous

rédiger en peu de mots le message le plus précis qu'elle pouvait imaginer, une sorte de télégramme :

« Je suis avec ma fille sur le bateau retour des Sanguinaires. Deux marins sont les tueurs de Bruni, elle les a reconnu. Sans AUCUN doute. Trouve un inspecteur pour les arrêter, MAIS quand nous serons à terre. Un colosse au crâne rasé et un maigre aux cheveux en brosse chaussé de DOC MARTENS avec une tête de Maure dessus. Ne perds pas une MINUTE ! »

Elle effaça ce texte sitôt envoyé car elle se voyait déjà forcée de tendre son téléphone aux malfrats sur le bateau. C'était une forme de parano, mais se retrouver avec sa fille aux côtés de deux hommes de main prêts à tout la paniquait. Du coup, était-ce vraiment une bonne idée de monter à bord ? Pourquoi ne pas partir se cacher dans l'île. Mais où d'abord, car l'alerte serait probablement donnée, il n'y avait qu'une sortie par jour hors saison, un compteur vert, clic, enregistrait chaque passager à Ajaccio et Mezzu Mare, les chiffres devaient concorder, c'était une question de sécurité. Bon, Garance se dit qu'elle n'avait pas le choix, et puis Luna gérait la situation avec beaucoup de sang-froid.

Elles s'avancèrent jusqu'à un siège du *Capu Portu* en baissant un peu la tête. Quelques minutes plus tard, le navire lançait ses deux moteurs de 1100 cv et son étrave se mit à fendre les eaux limpides de la baie. L'air chaud faisait place à une certaine fraîcheur, la soirée s'annonçait déjà en milieu d'après-midi. Luna se mit à frissonner et à claquer des dents, de peur autant que de froid. Il fallait résister à l'envie de savoir où se trouvaient les deux assassins – à l'avant ou à l'arrière du ferry ? –, et pour Garance oublier cette interpellation imminente. L'œil fixé sur la proue du navire, faire comme si de rien n'était en somme.

Elles ne se parlaient pas. Luna s'endormit ou fit semblant. Garance ressassait les affaires de vendetta qui avaient secoué la Corse ces dernières années. Mais, au juste, combien de vengeances dramatiques et féroces s'y étaient produites ?

Les montagnes qui encerclent la ville se rapprochaient. Luna fit mine de se réveiller. En silence, elles contemplèrent les villages perchés comme des nids d'oiseaux et repliés sur eux-mêmes au-dessus d'Ajaccio. Des univers clos et rugueux. Oui, c'était une bonne idée de déménager et retrouver la ville, se répéta Garance.

On accosta enfin. L'aspect banal du port du Port de Commerce et de la Jetée des Capucins se manifeste en hiver par des quais vides et des anneaux inoccupés. Pas de paquebots de croisière à l'horizon, juste fidèle au poste – même un jour férié –, la silhouette imposante du CorsicaFerry qui partait en soirée pour Toulon.

Garance redoutait de voir des gyrophares sur le béton dépeuplé, un commando de l'unité d'élite de la police, le RAID, des gendarmes... Dans ses souvenirs, il y avait une liste de guet-apens où plus personne ne savait sur quel pied danser, des situations où des hommes se demandaient s'ils étaient attaqués par des nationalistes, des gangsters, où des policiers qui ne portaient pas de brassard ni de plaques sur leurs voitures. Heureusement, face à elle il n'y avait rien d'autre que la cale déserte d'un 25 décembre.

Ses peurs d'un feu nourri de tirs de mitraillettes s'évanouirent. Elle prit le bras de Luna et se redressa de son siège, pressée de retrouver la terre ferme.

La passerelle une fois en place, les premiers passagers quittèrent le *Capu Portu*. Des effluves de fioul remontaient les allées du ferry, alors chacun accéléra la cadence, pressé de débarquer. Un homme à la figure impénétrable s'avança à contre-courant. Garance se dit qu'il devait travailler à la gare maritime. Il portait beau et partait rejoindre le capitaine dans son poste de pilotage. Intriguée, elle se retourna quand même pour observer son polo blanc, son pantalon marine, et ses chaussures bateau. Comme ça bouchonnait sur le pont – les seniors en goguette s'emmêlaient entre les cordes –, elle eut encore quelques secondes pour voir l'intrus s'adosser à la barre en bois du navire, brillante à force de patine. La porte était refermée, aucun son ne sortait de la cabine, mais des gestes théâtraux trahissaient une soudaine effervescence. La gorge nouée, la main de Luna puissamment ancrée dans la sienne, elle poussa dans le dos un octogénaire devant elle. Vite, elle ne voulait plus traîner ici !

Quelques secondes plus tard, les passagers étaient finalement tous descendus sur le quai. Garance respira un bon coup et sourit à Luna. Celle-ci lui répondit cependant d'une grimace glaciale : les deux criminels avaient inversé les rôles, cette fois-ci le marin à terre chargé de l'amarrage était le colosse au crâne rasé. Il se tenait sur le débarcadère, à moins de dix mètres devant eux.

– Tout va bien, murmura Garance en regardant de droite à gauche.

Enfin, non, tout n'allait pas si bien ! Pour sortir du port il y avait comme seule issue, délimitée pour des questions de sécurité, le bâtiment de la gare maritime, et le chemin passait devant le gorille. Luna se plaqua la main sur la bouche en se raclant la gorge. Le visage à moitié dissimulé, elle quittait la passerelle quand un bruit violent la fit sursauter. Venu de nulle part, un chalutier s'était avancé dans les eaux du port et accostait façon pirate l'étrave du *Capu Portu.*

Trois hommes armés surgirent sur le pont du ferry en hurlant : « Police ». L'homme au polo blanc se précipita sur le tueur aux cheveux en brosse qui portait des Dr Martens. C'était un inspecteur vaguement déguisé, il s'appelait Mario Condé et dirigeait les opérations sur les indications de Jean-Jo. À l'unisson, les autres policiers se jetèrent sur un gros chauve posté près des moteurs. Plaqué à terre, il fut aussitôt mis en joue. Témoins de l'opération, les passagers sur le quai hésitaient entre prendre leur jambe à leur cou ou sortir leur portable pour immortaliser la scène. À leur côté, le gorille comprenait que les filets se resserraient, mais une erreur d'appréciation le sauvait pour le moment : on arrêtait un autre marin à sa place, un gros chauve comme lui, résultat il avait quelques secondes pour s'enfuir et profiter de la confusion.

Garance s'en rendit compte. On était loin d'une opération spectaculaire, jugeait-elle. Probablement que des renforts allaient débarquer de véhicules motorisés.... mais en attendant le gorille allait tranquillement disparaître dans les ruelles du vieil Ajaccio situées à deux pas. Elle se pencha vers Luna.

– Passe devant moi, double tous les vieux, et file en courant, on se retrouve Place des Palmiers, devant la mairie.

– Mais maman...

– File, je te dis.

Luna se faufila et disparut à une dizaine de mètres de sa mère. Celle-ci jugea que c'était le bon moment. Répugnée par la sueur qui dégoulinait du front du colosse, elle inspira profondément. Remontait cette colère contre l'idée que des barbares aient pu traumatiser sa fille. Maintenant que Luna s'éloignait, qu'il ne pouvait rien lui arriver, elle se sentait forte et fière comme une lionne. Prête à hurler pour dénoncer la présence du malfaiteur.

– Le chauve est là ! gueula-t-elle. C'est lui le guetteur ! Arrêtez-le !

Sur le pont du *Capu Portu*, les trois policiers relevèrent la tête et comprirent instantanément qu'un autre costaud se tenait sur les quais, chauve, prêt à fuir. Ils dévalèrent la passerelle, mais la situation changea du tout au tout. Garance était rattrapée par son audace et son courage. Elle était lionne, peut-être, mais la gazelle devant elle mesurait pas loin de deux mètres de haut et pesait plus de cent kilos.

Comment se défendre ?

Une main monstrueuse s'abattait sur sa nuque, une bague de mafiosi lui entaillait la joue. Tétanisée, elle se sentit au-delà de toute panique, persuadée que sa dernière heure arrivait. Le poing s'éloigna de sa joue, mais la main rappliqua à la vitesse de l'éclair sur la carotide, armée de la pointe effilée d'un couteau : le gorille venait d'extraire un poignard militaire de sa poche.

– Reculez, ou je la saigne ! hurla le colosse en faisant jouer sa lame.

Les trois policiers stoppèrent net sur la passerelle. Luna se retourna elle aussi.

– Du calme, mec, du calme, réagit de loin l'inspecteur au polo blanc qui avait déjà menotté le tapis brosse et le poussait violement à l'avant du ferry. Tu vas avoir toute la police de l'île au cul si tu ne lâches pas tout de suite ton couteau.

– Bougez pas je vous dis ! Ou je la bute !

Grand flic, intègre et incorruptible, l'inspecteur Mario Condé emprunta calmement la passerelle. Il largua le suspect à un de ses hommes, s'avança face au preneur d'otage et jaugea la motivation du truand prêt à tirer. Ce salaud était un vrai dur qui n'avait peur de rien. Il engageait un bras de fer potentiellement très dangereux.

– Qu'est-ce que tu veux ?

La figure sinistre de l'homme en sueur rougeoyait de haine.

– Ma voiture est garée devant la gare maritime. Vous ne bougez pas, vous me laissez partir, je la relâche dès que je suis en sécurité.

– Rends-toi ! Tu aggraves ton cas avec une otage. On va te traquer. Partout.

– Vous êtes des branleurs, vous ne m'aurez jamais, s'esclaffa-t-il en mimant de deux doigts le canon d'un revolver, le pouce relevé. Et on discute plus ! Fais moi glisser ton arme de service. Tu n'avances pas d'un mètre !

Aux yeux de Condé, rien ne comptait d'avantage que cette femme victime de son héroïsme. Il ne devait pas prendre le moindre risque. Il ne fallait pas hésiter une seconde, sinon il risquait de se retrouver avec son cadavre sur les bras.

Condé s'accroupit lentement et fit glisser un semi-automique, un Glock 19. Le gorille sourit en reconnaissant le modèle. Le grand banditisme chérissait ce spécimen précis, léger et robuste à la fois.

– Des munitions, on ne sait jamais...

Le chargeur se retrouva aussitôt au pied du voyou. L'homme se baissa en cramponnant Garance par la gorge. Arme et balles en poche, il se releva lentement, plaça le canon sur la tempe de son otage, et partit à pied sur le quai en direction de la gare maritime. Les passagers du ferry s'écartèrent pour les laisser passer, frappés, diront-ils plus tard, par le sang-froid qui se lisait sur le visage de Garance. Tétanisée, Luna voulut crier quelque chose à sa mère. Mais elle se rendit compte qu'un geste de panique, un hurlement, pouvait affoler le gorille, déclencher une fusillade.

Tout s'inversait pour elle. Plus question de gémir, de se plaindre comme une petite fille, car sa mère jouait sa vie. La voir comme ça mise en joue, impuissante, c'était un passage si brutal dans le monde adulte. Comment ne pas céder à la panique, comment prendre les bonnes décisions dans les heures à venir ? Elle grandissait d'un coup.

Devant la gare maritime, quai l'Herminier, Garance fut projetée sans ménagement sur le siège avant d'une vieille 206. À son départ, le gorille fit un dangereux écart. Pourtant, aucun obstacle ne se présentait devant lui. Peut-être qu'il hésitait sur la direction à prendre, bien qu'à gauche avec la citadelle puis le Casino il n'y avait nulle part où se perdre. Il prit ainsi le boulevard Sampiero pour foncer vers l'est et dévaler le boulevard Charles Bonaparte.

En contact avec les caméras vidéo de la ville, Mario Condé savait que le fugitif atteignait le quartier des Salines puis de Saint Joseph. Il pensait qu'une course-poursuite paniquerait le criminel, qu'à se lancer à sa suite dans les rues vides d'un 25 décembre il risquait un accident et une bavure. Quand la 206 fut repérée sur l'ancienne route de Sartène, il jugea qu'il était temps d'y aller, de lancer sa filature. Il prit sur lui de partir seul à la rencontre de Garance, après tout le gorille avait bien dit qu'il la relâcherait un peu plus loin. Pourquoi s'embarrasserait-il d'une prisonnière ? Il était bien plus simple de disparaître seul dans des faubourgs pleins de recoins et de replis.

Mario Condé disparut donc. Et dans une angoisse atroce, Luna se retrouva seule au monde sur les quais d'Ajaccio.

14

– Mattéo, viens vite, je suis à la gare maritime.

– Tu as eu mon sms ? Désolé, j'étais occupé et...

– Rapplique, j'ai besoin de toi, je t'en prie.

Mattéo mit une bonne seconde à réagir. Il revenait tout juste du centre-ville. Il s'y était précipité dès son réveil. Il avait hâte d'observer la réaction des passants qui découvraient son pochoir. À la mairie, deux employés municipaux s'escrimaient à effacer au karcher le slogan *Clan Fabiani, collabos !* On était jour férié, la voirie ne parvenait pas à trouver d'autres volontaires. L'effigie d'un soldat de type aryen, avec son casque, sa lance et son bouclier, trônait encore dans six autres points de la ville, en particulier au marché et à la cathédrale où de petits groupes commentaient ce qu'ils avaient sous les yeux. Le nom de Ange Fabiani sortait des oubliettes. Mattéo avait attendu les félicitations de Salomon tout l'après-midi. Mais pas une réaction du *véchju*. Quand son téléphone avait enfin sonné, le numéro était celui de Luna. Il lui obéit bien sûr. Sans tergiverser.

La descente depuis les Jardins de l'Empereur prit moins de quinze minutes. Il courut comme un fou. Parvenu devant la gare maritime, il aperçut Luna aux côtés d'un petit homme bedonnant qui s'appelait Jean-Jo.

D'autres policiers s'affairaient dans les environs. Un instant, Mattéo se dit que ce cirque était pour lui, qu'on allait l'arrêter après son rodéo pictural sur les murs de la ville, mais non, impossible, cette histoire n'avait aucun rapport avec Luna. Quand cette dernière le repéra, elle courut dans ses bras.

– Oh Mattéo, c'est horrible, c'est horrible !

– Qu'est-ce que vous faites là ? s'interposa un policier avant toute explication.

– Et vous ? réagit Mattéo.

– Ne fais pas le malin. Un collègue l'a interrogée. D'après ce que ton amie vient de nous raconter, un copain l'accompagnait lors de l'assassinat de Simon Bruni devant la Collectivité. C'est toi ?

– Oui, lâcha Mattéo sans desserrer les dents.

– Et tu te souviens des Doc Martens du tireur ? D'un guetteur aussi, un gros balèze ?

– Je ne comprends rien à ce que vous racontez, répliqua Mattéo en cherchant à gagner du temps. Luna, qu'est-ce qui se passe ?

– J'ai vu deux types de l'assassinat, reprit-elle. D'abord en reconnaissant les Doc Martens du tueur à la moto. Avec une tête de Maure dessus. Dans la foulée, j'ai identifié le guetteur... On était en balade avec maman aux Sanguinaires. Les deux sont des marins du bateau qui fait la liaison avec les îles. On a eu peur qu'eux aussi se rappellent de moi. Quand on a accosté, la police a arrêté le tireur sur la moto, mais ça s'est mal passé avec le guetteur, tu te souviens de lui, le mec balèze que tu as bousculé... Il s'est enfui avec ma mère en otage !

Les mots s'abattaient en rafales, Mattéo s'accrochait pour comprendre. Jusque-là, il n'avait pas imaginé que Luna *aussi* se souviendrait du gorille, ils n'en avaient jamais parlé ensemble. Ni de cette histoire de Doc Martens.

– Mais ça s'est passé quand, comment ?

– Il y a vingt minutes, une demi heure, je ne sais pas. Je t'ai appelé tout de suite. Le gros a menacé ma mère avec un couteau, puis un revolver. Il l'a kidnappé, emmené dans bagnole. Oh Mattéo, j'ai peur qu'il lui fasse du mal.

– Et l'autre ?

– Là-bas, sous surveillance.

Luna désigna une voiture de police quai l'Herminier avec un homme menotté sur la banquette arrière. Ça faisait tilt dans la tête de Mattéo. Simon Bruni, la victime de la tuerie devant la Collectivité, dirigeait une société de sécurité chargée de la surveillance des docks d'Ajaccio. Ses assassins travaillaient au port eux aussi. Le meurtre dont il avait été témoin relevait du règlement de compte entre hommes proches les uns des autres, rien à voir avec les indépendantistes ou nationalistes, sûrement une affaire de receleurs, de voleurs multirécidivistes. Mario Condé était bien sûr parvenu à la même conclusion dès le coup de fil de Jean-Jo. Depuis longtemps il avait certains dockers à l'œil.

Des reporters de la radio et de la télévision faisaient leur apparition devant la gare maritime. Livré par le capitaine du navire, le nom du preneur d'otage se promenait sur toutes les lèvres :

Alain Bassani.

Bassani n'avait pas de casier et moins de trente ans. Ni Condé ni Jean-Jo ne l'avait jamais repéré, c'était un petit cador qui se sentait pousser des ailes. Il fallait très rapidement remonter à sa famille et à ses proches. Un avion, un bateau, il leur échapperait facilement.

Épuisée par la peur, Luna entendit vaguement le nom du gorille. Elle ne prenait pas garde à une jeune femme qui s'approchait, suivie d'une caméra.

– Mademoiselle, racontez-nous, votre mère vient d'être enlevée, c'est ça ? Vous connaissez Alain Bassani ?

Aussitôt fou de colère, Mattéo fit volte face et obstrua l'objectif d'une main.

– Mais vous n'avez pas honte ? Laissez-là tranquille !

– Qu'elle est la marque de la voiture ? Sa couleur ? La police les prend en chasse ? relança sans pudeur la journaliste.

À son tour, Jean-Jo réagit. C'était un journaliste à l'ancienne. Il prenait son temps, multipliait les sources avant de publier quoi que ce soit. Il plaçait la loyauté au-dessus de tout et ne caressait jamais le lecteur dans ses pulsions malsaines. Jean-Jo avait bien sûr déjà croisé sur des accidents ou des scènes de meurtres la jeune fille qui agitait son micro et pulvérisait les lignes jaunes déontologiques.

– Ça suffit ! C'est une gamine, il est où ton cœur ? Mais qu'est-ce qu'on vous apprend dans ces nouvelles écoles ?

– Ce n'est pas l'école mais mon patron, eut juste le temps de répliquer la jeune journaliste reporter d'image. Tu le connais toi, Alain Bassani ?

Jean-Jo lui lança un dernier regard d'incompréhension, puis il se dit qu'il fallait placer Luna au calme :

– Ça ne sert à rien de rester ici à prendre froid. Tu as tes clefs ? Viens, je te ramène à Villanova. Tu nous accompagnes, toi aussi ?

Mattéo acquiesça.

Livide, Luna s'installa à l'avant d'une Fiat Multipla, une véritable étrangeté côté carrosserie, la tête d'un dauphin aux petits yeux écartés et le museau aplati à l'avant, des bourrelets disgracieux partout, et des fesses plates à l'arrière, mais un habitacle génial, surtout pour les quatre enfants de Jean-Jo.

– Bienvenue dans le monospace le plus moche au monde, tenta-t-il pour détendre l'atmosphère.

Sur une île qui vénérait les grosses cylindrées, Mattéo ne put s'empêcher de le trouver cool, Jean-Jo. Opter en Corse pour une anti-voiture, malgré les railleries, en disait long sur sa différence, sa virilité domptée.

– Tu as prévenu ton père ? relança-t-il doucement en tournant la tête vers Luna.

Celle-ci mit quelques secondes à répondre. Elle tenait la main de Mattéo et avait la sensation de flotter au dessus de la route. Ils étaient tous les trois plantés devant le tableau de bord, on peut se serrer comme ça à l'avant d'une Multipla, raides comme des piquets.

– Pas encore. Je le ferais à la maison.

– Peut-être que tu n'en auras même pas besoin, voulut rassurer Jean-Jo. Vraiment, ce cinglé ne va pas garder Garance, je ne vois vraiment pas pourquoi.

– Si, il pourrait. Parce qu'il est cinglé, justement.

Un long silence suivit. Une idée passa par la tête de Mattéo. Elle lui permit de détendre l'atmosphère.

– Vous savez, j'ai vu que l'émission de télé *Top Gear* a dressé un palmarès des départements où circulent les Multipla. Eh bien, vous ne devinerez jamais où il y en a le moins en France. Le moins, hein, pas le plus. Là où elles sont les plus nombreuses c'est dans les Yvelines, ne me demandez pas pourquoi. Alors ?

– Heu...

– La Corse, bien sûr ! On en trouve moins d'une quarantaine ! Bravo Jean-Jo !

– C'est peut-être parce qu'il n'y a pas trop de familles nombreuses ici, esquissa Luna.

– Ou qu'elle est trop moche ! s'esclaffa Mattéo.

– Et vous ne pensez pas que c'est social aussi, finit par réagir Jean-Jo. Les familles monoparentales sont beaucoup plus nombreuses en Corse que sur le Continent. Elles se trouvent dans la précarité, avec de bas revenus, sous les mille euros. Même une Multipla est hors budget...

La réplique cassa le peu d'entrain qu'avait suscité cette conversation. De la gare maritime, Jean-Jo avait gagné la D61. De gros paquets de brume remontaient depuis la vallée et la mer. Mattéo qui ne venait jamais par ici – les Jardins de l'Empereur et l'arrière pays étaient deux mondes absolument séparés –, se dit que ces hauteurs d'Ajaccio avaient un charme fou. C'était autrefois le verger ajaccien. Les vues jusqu'au golfe de Sagone formaient une carte postale parfaite.

Mais il s'appliquait surtout à ne pas afficher la moindre émotion, ni trahir les autres pensées qui le remuaient. Le gorille s'appelait donc Alain Bassani. De toute évidence, Salomon le connaissait. Il l'avait facilement éloigné du lycée. Après le meurtre de Simon Bruni, il avait su où et comment le contacter.

Salomon pouvait donc leur venir en aide.

Ils avaient pactisé ensemble et chacun honorait sa promesse. Mais là, tout s'emballait. Il devait l'appeler d'urgence, avant qu'il n'apprenne les évènements par la télévision, la radio, ou les journaux. Agir vite, aussi, car il y avait un autre postulat : que Salomon imagine qu'il se confie à la police, qu'une telle escalade lui faisait perde les pédales et qu'il se mette à raconter que le fugitif était proche de lui. *U vecchju* n'aimait pas rendre des comptes. Que ferait-il alors ?

Luna avait froid et claquait des dents. Finalement, elle décida de composer le numéro de son père. Quand il décrocha, elle lui raconta brièvement les évènements de l'après-midi et livra ce nom maudit : Bassani. Elle l'imagina bouche bée, jetant un regard noir à son assiette comme si elle y était pour quelque chose.

À Villanova, la vieille église les accueillit dans un fracas de cloches. Noël ! Bien sûr, ils avaient tous les trois oublié ce 25 décembre...

Durant le quart d'heure du trajet, Jean-Jo n'avait cessé de se montrer rassurant, souriant. Maintenant qu'ils étaient à l'arrêt, devant la maison de Luna, Mattéo désigna un radio walkie talkies qui trainait dans le vide-poche, ce genre de lourd appareil surmonté d'une antenne.

– On peut écouter la police avec ça ?

– Pratiquement tous les services de sécurité et de secours, oui. C'est comme une CB, mais en fait j'écoute surtout les marins, ça me fait rêver.

– Vous pouvez l'allumez ? proposa-t-il. On aura des nouvelles.

– Condé m'a promis d'appeler aussitôt qu'il récupère Garance. C'est un copain, je le connais, il voudra nous prévenir en premier.

– Toujours rien alors, réagit Luna la voix palpitante. C'est vraiment pas bon signe... Qu'est-ce qui se passe ? Ils ont quitté le port depuis une demi-heure, non ?

Elle perdait la notion du temps, car c'était beaucoup plus... Jean-Jo temporisait, mais cette absence de nouvelles l'inquiétait. Bassani poursuivait sa cavale sans relâcher son amie.

– C'est insupportable, j'en peux plus, je veux savoir, trancha Luna les larmes aux yeux. Allumez, ou c'est moi qui le fait !

Jean-Jo comprit qu'il n'avait pas le choix. Il s'exécuta, scanna une fréquence qui cracha des sons éraillés, puis reçut une émission :

– Condé, ici Condé, pas de traces de Bassani, toujours rien du côté du stade Coty, *Choucas*, à vous !

– Ici *Choucas*, rien, on balaie l'étang de Casavone.

– J'arrive à rien de mon côté ! Venez me chercher.

– Bien reçu ! La nuit va tomber, on sort le projecteur.

Un bourdonnement infernal entourait cette voix métallique. Les mâchoires de Jean-Jo se contractèrent. Le

Choucas est l'indicatif radio des hélicoptères bleu et blanc de la gendarmerie. Ainsi un appareil avait décollé depuis l'aéroport. Apparemment, la police avait perdue toute trace de la 206. Il n'en croyait pas ses oreilles. Les caméras avaient dû suivre le véhicule sur la D503 et le voir s'évanouir du côté de l'hippodrome. Non loin, se dressait l'aéroport Napoléon-Bonaparte. Peut-être que le preneur d'otage visait ses environs glauques et désaffectés pour se planquer.

Mattéo réfléchissait aussi.

Quelles étaient les intentions du gorille ? Le graff lui faisait connaître quantité d'endroits abandonnés à Ajaccio. Des ruines industrielles qui sentaient la mort, aux murs crevassés, recouverts d'un manteau de verdure, des hôtels abandonnés, des mines désertées, d'anciennes centrales thermiques, des stations d'épuration, d'incinération ou d'eau potable, des endroits interdits au public, dangereux et difficiles d'accès. Avec son avance sur la police, le truand avait de bonne chance de disparaître dans la nuit.

Soudain, une voix s'éleva dans la radio. Un autre policier.

– Ici Lanfranchi, vous m'entendez ?

De nouveau les grésillements et une voix nasillarde.

– J'ai trouvé la voiture dans la zone industrielle du Vazzio, devant l'entrepôt Paoli Auto pièces. Elle est vide. Bassani a filé. Aucune trace de l'otage. Compris ?

Luna encaissait. Toute cette histoire tournait mal, très mal.

L'impossible avait lieu. Sa mère trainée comme une esclave à travers la plaine industrielle.

Mattéo se rappelait les lieux. On quittait vite les hangars, et les entrepôts de la zone industrielle. À la place du pilote d'hélicoptère, il abandonnerait l'étang de Casavone et la plage de Porticcio. Le fugitif n'avait aucune raison de trouver refuge au bord de la mer, la nature laissait peu de place à une cachette et un point de rendez-vous. Dans un rayon proche, surmonté de deux immenses cheminées d'usine rouge et blanche, il y avait un paysage industriel plus propice à la fuite. S'il comptait bien, on trouvait deux carrières, deux usines qui fabriquait du l'asphalte et du macadam, une centrale à béton... Oui, s'il était le gorille, c'est dans ces recoins là qu'il disparaîtrait.

SALOMON, 1944

Le village de Borgo était bel et bien la seule piste pour retrouver le jeune sous-officier qui commandait les Chemises noires à la mort de Francette.

Salomon n'avait même pas le nom de la jolie brune séduite au Grand Hôtel Continental et répudiée dans les décombres de Bastia. Mais ce ne serait pas difficile de la retrouver là-bas. Il aurait le culot de l'interroger sur son amant. Cette jeune fille avait peut-être des raisons de punir l'Italien, il s'appuierait sur la rancœur, le sentiment d'abandon. Si elle l'aimait encore et le protégeait, il n'hésiterait pas à lui faire peur.

Il était à peu près certain d'obtenir le nom d'une ville ou d'un village où se trouvait sa famille. La paix revenue, il lui suffirait d'un voyage en Italie pour lui trouer la peau. Venger la mort de Francette, exercer sa vendetta, de nouveau il n'y avait plus que ça qui comptait.

Pour se sentir en paix. Et parce que c'était la tradition dans l'île qui l'avait vu naître.

Mais quand finirait la guerre ? À quel moment pourrait-il se déplacer librement jusqu'en Italie ? Certes, le régime fasciste s'écroulait, le sud du pays se retrouvait entre les mains des alliés, mais Rome et le nord restaient allemands. Dans ce pays partagé en deux[1], Macri profitait sans doute du front militaire qui se déplaçait. Il se tenait probablement loin des partisans, des rebelles qui comme les Corses avant eux multipliaient les actions de sabotage. Pour Salomon, pas d'autres choix que d'attendre la fin des hostilités, donc, et pourquoi pas espérer aussi que le sous-officiers et ses deux acolytes – l'efflanqué Videla et le tas de graisse Sacco – se retrouvent un jour sur une liste de criminels de guerre pour l'assassinat d'un résistant et les incendies qu'ils déclenchaient au lance-flamme ?

Il laissa ainsi passer l'hiver. Après ce qu'il avait vécu dans le maquis, c'était un peu difficile de suivre les horaires du lycée Fesch. Il trépignait, mais son père nourrissait de grandes ambitions pour lui, lesquelles passaient par de belles études. Alors il se conformait aux exigences de son âge, il buchait, il se concentrait, et ramenait les meilleures notes de sa classe à l'atelier.

Dehors, il n'y avait pas un jour sans entendre le cri :

« Vive de Gaulle ! Vive la France ! *Evviva a Corsica* ! »

Pour un rien, partaient des *Marseillaises* et des salves de bonheur tirées dans le ciel par les maquisards. Mais

1. Rome n'est libérée par les forces alliées qu'en juin 1944, et les troupes allemandes battent en retraite au printemps 1945. Mussolini est fusillé le 28 avril 1945 après une insurrection générale.

les ventres restaient creux. Les sous marins allemands empêchaient les ravitaillements d'Afrique, et si l'île était libre, la guerre se poursuivait ailleurs en Europe : parmi les Corses, vingt-deux classes d'âge se retrouvaient mobilisées et envoyées un peu partout sur les théâtres d'opération. À moins de seize ans, Salomon échappait à cette conscription. Mais si les années passaient ce serait son tour, et tant mieux songeait-il, galvanisé par le message du Général de Gaulle à la veille de Noël :

« *Devant l'étoile de la victoire qui brille maintenant à l'horizon, Français, Françaises, unissons-nous pour les efforts suprêmes et pour les suprêmes douleurs de l'ennemi, de l'ennemi qui recule, l'ennemi dont la nation ne sépare pas les quelques traîtres qui le servent. Voilà qui nous devons maudire, attaquer, détruire.* »

Maudire... Jour et nuit... Esther, indifférente au monde, toujours sous les voiles du deuil, ne percevait rien de la colère de son fils. Quant à Gaby, tout occupé à redonner du lustre à l'enseigne Chétrit tailleur, lui non plus ne voyait pas Salomon s'enfoncer dans sa rage. Un matin de printemps, profitant des vacances de Pâques, il partit de chez lui au prétexte d'une visite à d'anciens camarades du maquis. En réalité, il filait à Borgo.

Il n'y avait pas grand monde dans le train pour Bastia. Salomon laissait derrière lui la Méditerranée scintillante et l'immensité de la baie d'Ajaccio. Quand son convoi grimpa dans les montagnes, il observa par la vitre baissée du compartiment le souffle de la motrice, les nuages blancs de vapeur, les ravins, les chemins périlleux, les ânes, les vergers... Balloté dans les virages, il parvint en gare de Ponte Leccia avec un pincement au cœur. Ici s'étaient amorcées les heures les plus glorieuses de sa jeune existence. Déjà lui manquaient le maniement des armes et l'odeur de la poudre ! Il y eut encore de la montagne, des pics, des crêtes, puis les vallées, et enfin, sous le soleil qui éclairait le ciel, apparut dans un éblouissement Bastia et de nouveau la mer.

Un vent de tous les diables balayait le centre-ville. Bastia-Ajaccio : les deux villes n'avaient rien à voir l'une avec l'autre. Bastia c'était un peu Marseille, et Ajaccio, la cité impériale, un ersatz de Côte d'Azur, deux mondes différents, avec ici une plus grande influence de l'Italie.

Salomon quitta les ruines de la gare incendiée quelques mois plus tôt par un bombardement. Dans cette guerre, l'aviation américaine frappait à très haute altitude, rien de chirurgical, on avait relevé des centaines de tués et tous les environs étaient encore éventrés. Il fut pressé de fuir ce décor sinistre et de se rendre dans le vieux quartier génois, au carré Israélite où Francette reposait.

La dernière fois qu'il avait vu le rabbin de la petite synagogue de la rue Castagno, sa colère était telle qu'aucun son n'était sorti de sa bouche. Il n'avait pas réfléchi à son éventuelle présence ici. Pris au dépourvu, il se figea lorsque le religieux l'interpella près de la *matsevah*, la pierre tombale posée selon la coutume un an après le décès. Il vivait un instant très pénible. Voir ici le nom de sa sœur surmontée d'une étoile de David le dévastait.

– Salomon, mon petit, comme je suis heureux de te revoir. L'épreuve est cruelle, je sais, mais quand l'adversité s'abat sur nos têtes, il y a une force intime qui empêche de s'abandonner...

Il voulait se détourner, fuir. Se trouvait toujours quelqu'un autour de lui pour lui dire qu'il allait bientôt se sentir en « paix » alors qu'il ne cessait de se révolter. Jamais il ne connaîtrait l'apaisement ! Il en voudrait toujours au destin qui lui avait volé sa sœur.

Il ne répondit pas et ferma les yeux. Peut-être que le rabbin allait le laisser tranquille.

– As-tu seulement imaginé que la souffrance permet de nous amender, reprit le vieil homme. De nous ennoblir. Nous sommes si petits et fragiles devant le mystère de la tombe ! Nous ne demandons pas que toute peine nous soit épargnée, bien sûr, car un bonheur sans mélange nous dessècherait, nous affadirait. Peut-être la souffrance est-elle nécessaire pour mûrir l'intelligence, attendrir le cœur, tremper l'énergie.

Stop ! Nécessaire ? Toute cette douleur ? Vraiment ?

Le rabbin cherchait à lui venir en aide, bien sûr, mais les mots qu'il entendait le révoltaient. Pour l'essentiel de l'histoire de l'humanité, songeait-il, l'injustice régnait. Les meilleurs partaient toujours les premiers. Il n'y aurait jamais aucun sens à la mort de sa sœur. Et surtout pas l'idée de devenir meilleur. Quelques jours plus tôt, il s'était rendu compte qu'il ne se souvenait plus – déjà ! – du son de la voix de Francette.

Comment accepter ça, réparer ça ?

Dans son dos, le rabbin s'obstinait :

– *Jahrzeit*[1] est passé. Tes souffrances vont s'apaiser. Songe au Messie qui amènera la Résurrection des morts. Il visitera en premier lieu le mont des Oliviers mais ne nous oubliera pas avant d'entrer dans Jérusalem. Il passera par la Corse avec Francette...

Le rabbin s'avança en souriant timidement.

– Mais tu serres les poings, Salomon.

Il tremblait même de rage, une veine saillait de colère sur son front.

– Œil pour œil dent pour dent, lança-t-il sans réfléchir.

– Que veux-tu dire ? Tu cherches à te venger ?

– ...

– Mon petit, cette fameuse « loi du talion » n'existe pas chez les Juifs. C'est une création du droit romain. Le texte hébraïque a été défiguré pour créer le stéréotype du Juif impitoyable et assoiffé de vengeance. Le Livre du Lévitique[2] dit clairement : « Ne te venge pas et ne garde pas rancune ». La haine emporte toujours dans une ronde macabre. Laisse la haine aux barbares. Pour leur malheur, les hommes à l'esprit guerrier ne savent pas s'arrêter. Garde ton âme pure ! Et maudite sois cette guerre !

Salomon voulait juste déposer un caillou sur la tombe de sa sœur et quitter au plus vite Bastia, cette ville martyre. À la place, le rabbin perçait ses motifs secrets, l'adjurait de rentrer tranquillement chez lui. Il n'avait pas seize ans, mais les livres aussi lui avaient enseigné que

1. Date anniversaire du décès dans la religion juive.
2. Troisième des cinq livres de la Torah, peut se résumer à un « guide » pour se comporter religieusement.

l'obstination, les vengeances, conduisent inévitablement à des impasses...

– Tu connais la principale différence entre les hommes et Dieu ? relança le rabbin.

– ...

– Dieu ne cherche jamais à se prendre pour un homme. Et toi, tu as l'âge de ne pas mourir...

Salomon sourit faiblement. Une alarme sonnait dans sa tête. S'il restait trop longtemps, le rabbin allait le convaincre et il ferait demi-tour pour Ajaccio. Mais non ! C'était plutôt la paysanne, cette kamikaze, qui avait raison avec sa grenade ! Il devait retrouver le sous-officier des Chemises noires ! Une force invisible le poussait vers Borgo. Complètement étourdi, il quitta le carré israélite sans ajouter un mot.

L'autocar cheminait. Seulement vingt kilomètres à parcourir mais près d'une heure de route à clopiner tant celle-ci était encombrée de jeep, carrioles, marcheurs... La Corse libérée était devenue un porte-avions pour les Alliés, des dizaines de terrains de la côte orientale servait d'aérodromes pour aller bombarder l'Allemagne en vue de la victoire finale. Salomon était fatigué, à bout, mais lui aussi refusait de capituler.

À la vérité, la femme qu'il recherchait pouvait lui claquer la porte au nez. Il était si dévasté qu'il aurait fait aussitôt demi-tour. Mais l'autocar quittait la plaine et grimpait maintenant en direction de la place du village dans un panorama envoûtant, alors...

Il avait deux options. Rechercher auprès des habitants du village une certaine Adèle, femme de chambre du

Grand Hôtel Continental, ou se lier avec un gamin, et innocemment l'amener sur le sujet d'une femme tondue à la Libération, ici à Borgo. Dans une ruelle humide se présenta un peu un mélange des deux, un simplet d'une trentaine d'année, mains dans les poches, casquette en toile vissée sur la tête, chemise à carreaux et pantalon en toile archi-usé.

Pourquoi pas ?

Lui demandant d'abord comment ça allait, Salomon engagea les banalités d'usage, la chaleur qui allait arriver, et si c'était différent de la plaine, là-haut, le vent, le soleil... et les demoiselles.

– Elles sont jolies dans le village ? questionna-t-il sur sa lancée.

– C'est pas ce qui manque, rougit l'ingénu.

– Et une belle brune qui travaillait dans un grand hôtel d'Ajaccio, ça te dit quelque chose ?

Le simple d'esprit se tordait aussi dans tous les sens et regardait ailleurs.

– Jamais croisé.

– Mais tu connais tout le monde ici ? insista-t-il. Une jeune femme de chambre à Ajaccio, Adèle, ça te dit quelque chose ?

– Oui, je vois, mais jamais croisée, se borna-t-il à répondre dans une grimace.

Son air gêné signalait que Salomon approchait du but. Il se dit qu'il devait continuer en douceur.

– Alors tu sais où elle habite ? J'ai appris ce qui lui est arrivé et je me suis dit que je devais l'aider. Cette histoire avec un Italien, enfin, tu sais bien ce qui s'est passé...

L'homme fit claquer ses sabots l'un contre l'autre. Il sortit de sa poche un couteau de poche en corne de bélier, l'agita devant le visage de Salomon.

– Adèle, c'est une fille à part. La plus gracieuse, la plus belle du canton. Si tu y touches, tu auras à faire à moi.

– Mais, non je te dis que je viens en ami, tu peux m'accompagner chez elle si tu veux.

– C'est la médisance, et les jaloux, qui ont fait ça à Adèle. Moi, j'oserais jamais lui faire des reproches. Elle avait ses raisons avec l'Italien.

Il réfléchissait lentement, mais ses idées n'étaient pas si confuses. Son physique déformé signalait un accident, un léger handicap de naissance, mais il n'était pas idiot.

– Elle est où ? tenta posément Salomon.

– Route des Vallons, la dernière maisonnette, tu ne peux pas te tromper. Son père la surveille comme le lait sur le feu. La mère est morte, le frère aussi, jamais revenu de la guerre. Tu la protèges, hein ? Tu vas voir, elle sent si bon.

Salomon opina et s'empressa de gagner l'autre côté du village cette route des Vallons qui serpentait face aux collines infinies. En remontant le chemin, il ne savait toujours pas comment il allait s'y prendre, surtout si le vieux lui ouvrait la porte. Quand il atteignit la maison, il trouva une idée simple : le Grand Hôtel Continental l'envoyait, on s'en sortait pas avec le débarquement des Alliés, on avait besoin de bras, et elle, elle s'en sortait si bien... Il sourit à sa trouvaille : c'était suffisant pour se retrouver en tête à tête et parler du sous-officier.

Il appela devant la maison : « Adèle, Adèle ». Rapidement, une jeune femme se présenta.

Dieu qu'elle était belle ! Du genre star de cinéma, ces femmes fatales d'Hollywood. Les yeux très clairs et distants. Un visage de faïence encadré par des cheveux courts, noirs comme l'ébène. Une montagne inaccessible, se dit Salomon tout troublé, un océan de solitude aussi.

– Bonjour, je suis d'Ajaccio. C'est l'hôtel qui veut savoir. Vous revenez quand ?

– J'ai dit que c'était fini. Qu'est-ce que tu fais là le mioche ? Si tu viens me chercher des histoires ou quelque chose comme ça...

Au fond, il n'y avait que quelques années d'écart entre eux. Mais lui avait encore des joues rondes de gosse, tandis qu'elle... Il avait sous les yeux la plus belle femme du monde. Il fixa la tache qu'elle avait sur le front, la peau qui se cicatrisait lentement.

– Euh, relança-t-il innocemment, avec tous ces officiers dans la ville, ça manque de demoiselles pour le service...

Il s'obstinait, cette complicité était sa seule chance avec elle.

– Ah bon ! Et t'as fait tout ce chemin exprès ? réagit Adèle. Des filles pour faire la femme de chambre y'en a partout, pas besoin de venir jusque ici. Tu y travailles, toi, au palace ?

Le timbre d'une voix peut raconter une femme et ses secrets, Salomon découvrait ça. Avant guerre, les Chétrit se rendaient tous les dimanches au cinéma Impérial. La tonalité gouailleuse d'Adèle lui rappelait Arletty dans *Hôtel Du Nord*. C'était comment déjà sa réplique piquante, formulée avec tant de naturel ? Ah oui : « Atmosphère ! Atmosphère ! Est-ce que j'ai une gueule d'atmosphère ? »

Quitte ou double : Salomon sentit qu'il n'aurait rien sans audace. Le directeur du Grand Hôtel Continental, il ne connaissait même pas son nom. Tout juste pouvait-il décrire la façade du palace, ce merveilleux jardin sur la mer, et bien sûr les airs que prenaient la clientèle quand il trainait par là. Mais un patron, il y en avait forcément un, alors, comme il n'avait jamais sa langue dans la poche...

– Depuis l'arrivée des Alliés l'hôtel est bondé ! Alors je fais le groom, le garçon d'ascenseur, j'aide en cuisine, au jardin, des petits boulots quoi... Il m'aime bien le patron, il m'a donné, comme qui dirait, une mission. Il y a des bruits, des rumeurs qui courent sur vous. Lui, il ne veut pas croire que vous êtes une indicatrice, une collabo, une malhonnête. Il sait bien que vous avez le cœur Corse. Il vous reprend si vous voulez...

Qu'est-ce qui lui prenait ? L'instinct, toujours...

– Ah ! Une collabo, s'écria-t-elle prise dans un fou rire. Rien que ça ! Les gens se font des idées...

Visiblement, l'infamie ne l'atteignait pas. Cette réaction apparut spontanée à Salomon ; elle l'apaisa. La jeune femme avait peut-être des choses à se reprocher, mais pas ça, il ne sentait rien de retors chez elle, sa main à couper qu'elle était franche.

Tant mieux ! Il n'avait aucune envie de se retrouver face à une saleté coupable de Dieu sait quel crime ou déshonneur. C'était plus facile comme ça... Il n'eut soudain plus la même sensation. Après tout, ce sous-officier était un parfait étranger pour lui, il ne l'avait aperçu que quelques minutes dans l'atelier.

S'il faisait abstraction de son uniforme, c'était un beau physique lui aussi. Que savait-il des raisons qui l'avaient poussées à s'engager dans l'armée fasciste ? D'ailleurs, n'avait-il pas été un peu en retrait durant le saccage de leur maison ? Et si ce jeune homme subissait la guerre, lui aussi ? Peut-être qu'il n'était qu'un chef débordé par ses troupes ? Et si, du trio, il devait en retrancher un ? Et plutôt en vouloir aux deux autres, les rustiques, les miliciens féroces et arriérés, en particulier ce sac d'os qui avait frappé Francette à la joue ?

Il devait donc prendre Adèle par les sentiments. Alors il passa à la vitesse supérieure.

– Le patron, il se demande ce qu'il est devenu l'Italien. Il s'est toujours conduit très correctement. Il l'aimait bien.

Adèle se raidit.

– Il vous a laissé tomber, c'est ça ? Et à cause de lui, eh bien, les patriotes... Les tondeurs de chiens plutôt... Ils vous ont...

« Tondue ». Il n'osait prononcer le mot. Une tempête d'images sauvages se formait sous son crâne. Il avait cette vision de la foule autour d'Adèle, les regards de haine, les cris et les coups, les boucles brunes sous les semelles, son menton en l'air, son pauvre visage... Portait-elle cet écriteau dans le dos : « vendue à l'ennemi » ? Sur la photo, on voyait bien une croix gammée sur son front au fer rouge. Salomon se décomposait.

– Non, il ne m'a pas abandonné, qu'est-ce que tu crois ? C'est moi qui lui ai dit de partir. Comme sous-officier il risquait sa peau en restant en Corse. C'est un homme bon, Marcello. Sans son père, jamais il n'aurait enfilé la Chemise noire. C'était ça ou l'asile, il menaçait de l'enfermer avec les cinglés s'il refusait d'obéir... Il s'est engagé, mais ma parole il n'a jamais fait de mal à personne.

De toute évidence, elle l'aimait encore son bel italien. Mais cette dernière phrase était un coup de poignard pour Salomon. Et Francette alors ? Si ça, c'était pas l'œuvre du diable incarné ! Il resta un moment sans répondre. Il était prêt maintenant à lui raconter ce qui s'était passé chez lui, et comment sa sœur en fuite était morte sur le coup, qu'il s'en sentait si coupable, une année après. Mais il se souvint du sale œil avec lequel elle l'avait accueilli. Elle pouvait faire volte face, il fallait toujours l'amadouer.

– Les Chemises noires, nous autres, on les a jamais vu faire le bien, opposa-t-il calmement. Des prédateurs, oui... Mais votre Marcello, après tout, peut-être qu'il voyait les choses différemment. C'est humain, même chez les plus coriaces y'en a toujours un qui veut temporiser, qui pense aux conséquences, se dit qu'il faut protéger les Juifs, surtout les enfants.

– Pourquoi tu dis ça ? fit-elle en plantant son regard dans le sien.

– Pour rien, se ravisa-t-il.

– Eh bien, t'as du flair, toi, parce que justement défendre les Juifs, c'est ça qui l'obsédait Marcello. Même qu'une fois – une seule ! – ça a mal tourné, et là tu l'aurais vu, il s'en est rendu malade. Un accident pourtant, une gamine qui s'est élancée sous les roues d'une moto...

Adèle y venait toute seule. Salomon n'avait plus qu'à écouter et se maîtriser, ne pas l'interrompre, ne pas songer au corps désarticulé de Francette, cette poupée de chiffon... Adèle affichait un air tranquille, ça lui faisait visiblement plaisir de parler de son amoureux, depuis tous ces mois qu'ils étaient séparés.

– Les badauds ont accusé le motard, et aussi les Chemises noires parce que la petite voulait leur échapper. Mais le fond de cette histoire, personne ne l'a connait. Marcello patrouillait rue Fesch. Il est tombé sur la vitrine d'un tailleur souillée par une peinture toute fraîche, un salopard venait d'écrire « Juifs », comme ça se fait sur le Continent, tu vois, et donc, mon Marcello, il voulait juste prévenir les parents, leur dire qu'il fallait effacer ça. Mais les deux crapules qui l'accompagnaient ont commencé leur menace, et la petite a fini par s'enfuir... Le motard, on l'a jamais retrouvé. Alors Marcello s'est dit qu'il pouvait rendre justice à la petite quand même : il fallait s'attaquer à l'origine de cette tragédie et retrouver celui qui avait sali la devanture. Il m'a répété que ce drame était arrivé à cause de ce sale type, qu'il n'avait pas su la retenir la gosse. Il avait arrêtée la gamine juste pour ne pas avoir d'ennuis avec les deux autres. Il avait prévu de la relâcher très vite une fois arrivée au quartier général des Chemises noires.

Adèle semblait encore choquée par la mort de Francette. Par prudence, Salomon restait de marbre.

– Il a fait son enquête, poursuivit-elle, et ne me demande pas comment, mais il est vite remonté à un fanatique, un notaire d'Ajaccio, féroce antisémite. Ange Fabiani, il s'appelle. Il lui aurait bien fait la peau, mais entre temps cette vermine a rejoint la division Waffen-SS Charlemagne pour propager l'enfer sur le front russe.

Tout devint clair pour Salomon. Lui qui désespérait d'un voyage en Italie, eh bien, on lui servait sur un plateau un SS Corse ! Autant l'oublier, ce trio de Chemises noires. Son ennemi véritable, celui qui avait tout déclenché, était un gars d'Ajaccio. Un type qui s'était faufilé devant chez eux pour les marquer comme du bétail !

Il sourit faiblement, s'efforçant de ne pas afficher la moindre émotion. Probablement qu'il ne reverrait jamais Adèle. Retrouverait-elle un jour son Marcello ? Avait-elle compris pourquoi il était là, certainement pas pour ce poste de femme de chambre, ou faisait-elle comme si ? Il n'en aurait jamais le cœur net. Mais il s'en fichait, car il avait un nom.

Un démon qui s'appelait Ange.

Il ne sut quoi dire de plus et remercia d'un signe. Juste avant qu'il ne tourne le dos, Adèle s'avança pour l'embrasser. Du coup, c'était un adieu.

– Vous me faites vraiment penser à cette actrice, fit-il avec gentillesse.

– Arletty ? Oui, tout le monde me dit ça... Je l'adore ! Et peut-être bien que je la croiserais un jour, ajouta-t-elle avec la force de ceux qui n'ont rien à perdre. Tu as failli me rater. Demain je change de vie. Je pars sur le Continent. J'ai trouvé un pêcheur pour la traversée. Je ne remettrais jamais un pied sur cette île. Bonne chance à toi.

15

Mattéo se trouvait à l'extérieur de la maison. Tout en téléphonant, il faisait les cent pas et jetait régulièrement un œil à la fenêtre qui donnait sur le salon.

Il profitait d'une crise de larme de Luna pour appeler Salomon. Elle craquait complètement. Après l'assassinat devant la Collectivité, l'enlèvement de sa mère la faisait sombrer dans une noirceur absolue. Même le journal de 20 heures parlait de la journaliste Garance Sacheri dans un festival de clichés et d'idées reçues : maquis, berger, armes, omerta, vendetta, mafia... Face à toute cette violence, Jean-Jo la consolait, tout finirait par s'arranger, assurait-il, et puis son père serait là dans deux heures.

– Bassani s'est volatilisé avec son otage dans la zone industrielle du Vazzio, expliquait Mattéo le souffle court.

– En Corse c'est facile de se jouer de la police, ironisa *u véchju*. Le laisser partir, ils lui ont fait ce cadeau là ! Bande d'imbéciles.

Un temps d'arrêt. En temps normal, jamais Mattéo n'aurait osé joindre Salomon. Mais là, l'urgence commandait d'agir. Et maintenant, à entendre les mots secs du vieil homme, il se demandait s'il avait bien fait. Au bout du fil, son interlocuteur restait impassible, surpris de rien, comme s'il s'attendait à quelque chose de ce genre depuis leur rencontre.

– Oublie le Vazzio, ajouta quand même Salomon pour signifier qu'il n'était pas *totalement* indifférent. Ils n'y sont plus. Ton gorille, comme tu l'appelles, sûr qu'il n'a pas eu le temps de prévenir un complice. Il s'est probablement enfui avec une voiture qu'il planque là-bas. Tu te souviens du 4×4 devant le lycée ?

– Le Pajero ?

– Je sais pas, j'y connais rien aux nouvelles voitures, le pick-up noir, quoi !

Matéo se souvenait très bien de l'engin. Salomon avait raison, bien sûr ! Il devait immédiatement signaler ce monstrueux 4×4 à l'inspecteur Condé. Probablement qu'il n'était pas immatriculé au nom de Bassani, que le service des cartes grises ne ferait jamais le rapport...

– J'ai compris Salomon, je vais prévenir la police, un Pajero noir.

Nouveau silence sur la ligne. Puis :

– Et qu'est-ce que tu vas raconter quand la police te demandera pourquoi ça te revient tout à coup, le 4×4 du guetteur ?

– Eh bien, que je n'avais pas fais le lien, qu'un type m'a brutalisé devant le lycée, mais que je ne l'ai pas reconnu sur le trottoir de la Collectivité.

– Alors toi, tu oublies les visages en seulement quelques heures... Tu penses qu'ils vont gober ça les flics ? Qu'ils ne vont pas se poser des questions, qu'ils vont pas se dire que c'est de la *pipette*, tout ce silence...

– Je peux leur dire la vérité, que ce colosse m'a foutu la trouille, que jamais je n'aurais imaginé qu'il s'en prenne à la mère de Luna.

– Et moi ?

– Et vous, vous n'existez pas Salomon.

– J'aime mieux ça.

L'intonation sifflante resta suspendu un instant dans l'écouteur. C'était clair : *u véchju* ne voulait pas avoir affaire à la police. Qu'une femme soit l'otage d'un cinglé n'était pas son affaire. Mais bien sûr cet appel trahissait l'espoir de Mattéo : puisque Salomon et le gorille n'étaient pas étranger l'un à l'autre, il comptait bien remonter sa piste avec lui, gagner du temps sur la police.

– Bon, pourquoi tu m'appelles, *ghjuvanottu* ? fit innocemment Salomon. Trois heures après l'enlèvement, si je compte bien.

– Salomon, vous savez bien... Cette dame, Garance, c'est la mère de ma copine. S'il lui arrivait quelque chose, je...

– Il ne va pas la tuer, c'est impossible ! tonna Salomon. Les femmes, les enfants, jamais, l'île sait choisir ses coupables.

– Peut-être, réagit Mattéo qui n'en croyait pas un mot. Mais une bavure, hein ? Il faut la sortir de là le plus vite possible.

– Et moi, j'y peux quelque chose ? Tu penses ça...

– Bien sûr ! Parce que vous le connaissez Bassani ! Il vous obéit, on dirait. Je me dis que vous savez où il part se planquer !!

– Tu t'avances beaucoup. Tu n'es pas très prudent...

– On n'a plus le temps d'être prudent ! C'est logique, je ne veux pas savoir ce qui vous lie avec ce type, Salomon, je veux juste sortir Luna de ce cauchemar. Sa maman est une journaliste très honnête, une femme seule... Et puis, nous sommes alliés maintenant.

Mattéo acheva sa tirade sur un ton de défi. Ce n'était pas du chantage. Mattéo avait pris beaucoup de plaisir à ressusciter un ancien SS corse. Mais maintenant toutes les précautions volaient en éclats.

– Ce collabo, ça restera secret, bien sûr ! ajouta-t-il.

– J'en doute pas, *ghjuvanottu*. Tu sais, cette histoire m'explose à la figure moi aussi. Elle remue les fantômes du passé...

La voix s'adoucissait. Mais Salomon semblait hésiter. Il se lança enfin.

– Bon, on ne peut pas parler de ça au téléphone. Tu es où ?

– Villanova.

– C'est bon, rendez-vous devant l'église. Laisse-moi juste le temps de monter.

16

Quand il conduisait, Salomon portait des gants en cuir. Mattéo l'attendait sur le parvis, il nota tout de suite ce détail d'un autre âge. L'air sportif de la BMW Série-5 lui plut terriblement aussi. La carrosserie grise signalait un véhicule des années 80. Il s'assit avec précaution sur le siège en cuir noir.

– Comment va ta copine ? s'enquit *u vecchu* avec une légère pointe de chaleur dans la voix.

Luna était si atteinte qu'il n'avait pas été difficile de lui dire qu'il s'absentait un petit moment. Il avait inventé un peu n'importe quoi. Son père venait le chercher pour le repas. On devait encore se faire des cadeaux de Noël dans la famille. Il reviendrait après, promis.

– Mal ! répondit-il. C'est la catastrophe. En ce moment pour elle le monde n'est plus qu'une muraille de feu. Partout de la brutalité, de la fureur, de la douleur.

Mattéo sentait que sa voix s'affermissait face à Salomon. Comme si le succès de sa virée nocturne rééquilibrait les différences entre eux.

– La pauvre jeune fille ! Coup sur coup deux scènes de guerre. À votre âge la vie ne devrait être que joie, amitié, distraction. Déjà qu'on vous barbe à l'école.

– Vous avez des enfants, Salomon ?

– Non, mais je n'ai jamais oublié l'insouciance d'une jeune fille de votre âge. Ma sœur, Francette.

– Celle qui repose au cimetière marin ? J'ai lu son nom à côté de vos parents. Elle est morte pendant la guerre, n'est-ce pas ? J'ai vu la date, sur la tombe...

– 1943, oui. Mais je m'égare... Avec l'âge je perds la notion du temps, des visages. Les vieux, on a souvent l'impression de vivre dans un vertige continuel, tu vois, à regrouper des souvenirs comme des miettes sur une table... Mais, allez, on y va. Attache ta ceinture Majid.

Ça lui reprenait. Majid plutôt que Mattéo. Il devait s'habituer : avec Salomon, c'était comme à la maison. Mais une fois cette remarque digérée, une chose plus importante parvint à son cerveau. *U vecchju* acceptait de leur venir en aide. Seulement quelques minutes plus tôt, il n'aurait juré de rien.

Du village, ils retrouvèrent rapidement Ajaccio. Pas un bruit dans l'habitacle, juste les pneus sur l'asphalte et les répercussions du métal de la BMW quand Salomon prenait un virage trop serré. N'y tenant plus, Mattéo interrogea :

– On va où ?

– *Ghjuvanottu*, tu m'as bien dit qu'il fallait sauver cette journaliste, n'est-ce pas ?

– Oui !

– Eh bien on y va ! Et j'ai besoin de toi, je ne peux vraiment pas faire ça tout seul. Il va falloir grimper dans la montagne. Mais dis-moi, tu n'as qu'un tee-shirt ? Tu es sorti comme ça ?

– Pas eu le temps, Luna m'a appelé au secours, j'ai foncé. Avec vous je n'ai pas peur d'avoir froid, sourit-il. C'est toujours assez sportif...

À demi plongé dans le noir, le visage éclairé par le tableau de fort, *u vecchju* restait mutique. Il lui fallait du temps pour assimiler cette série de coïncidences. Chaque existence était donc reliée à l'autre. On était sur une île, avec certaines probabilités de se connaître, mais là, c'était comme si venait le moment de se libérer de tous ses mystères, de rassembler les pièces du puzzle.

Sourcils froncés, Mattéo percevait son trouble. Lui aussi tentait d'y voir clair. La route serpentait au sud, tout en bas c'était Bonifacio.

– Allez, expliquez-moi. On va où Salomon ?

– Tu verras, loin d'ici. Un village à deux heures au moins. Mais ne pose pas trop de questions...

Ils roulèrent d'abord sur la route du Ricanto, puis Salomon s'engagea sur la Nationale 194. Il dépassait les limites autorisées, il s'affranchissait de toute prudence, pourtant la stabilité de la BMW donnait l'impression de survoler le paysage.

– On va un peu vite, non ? osa quand même Mattéo.

– Écoute *ghjuvanottu*, je veux arriver avant la police.

– Vous savez donc où se planque Bassani ?

– J'ai mon idée, oui. Et j'ai peur d'un bain de sang. Je veux tenter quelque chose avant qu'il ne soit trop tard.

Etrangement, *u vecchju* semblait de bonne humeur. Mattéo lui sourit en espérant un geste de confiance en retour, une preuve d'amitié. Les yeux fixés sur la route désertée, peut-être dans la crainte de percuter un sanglier, son regard ne cillait pas.

En entrant dans une commune fantomatique, Mattéo se sentit de plus en plus inquiet, il ne pourrait tenir plus longtemps.

– Salomon, je sais que je vous ai demandé de l'aide. Mais j'ai un doute. Vous réagissez si vite. Comme si cette histoire vous touchait personnellement. Vous avez reconnu Bassani dans la rue, en quelques mots vous lui avez fait peur, mais il n'y a pas que ça, n'est-ce pas ?

– Qu'est-ce que tu racontes ?

– Garance aussi vous la connaissez, relança Mattéo. Allez, soyez franc. Elle ou sa famille... Ajaccio est tout petit pour...

Il n'eut pas le temps de terminer sa phrase que Salomon se déportait un peu sur les bas-côtés et partait dans un fou rire.

– Qu'est-ce qu'il y a, qu'est-ce que j'ai dit de si drôle ?

– Eh bien, justement, tu parles comme Garance, celle des *Enfants du paradis*.

– ....

– Sans la gouaille, bien sûr. Mais c'est normal, tu ne peux pas comprendre, ta génération est si loin de tout ça. C'est un film sorti pendant l'occupation : *Les enfants du paradis*. L'actrice, qui s'appelle Arletty dans la vraie vie, Garance dans cette histoire, lance avec malice :

« Paris est si petit pour ceux qui s'aiment comme nous d'un si grand amour. » En fait, elle se rit de son prétendant, Frédéric, qui craint de ne pas revoir la revoir car Paris est trop grand.

– Alors c'est cruel.

– Oui, mais Ajaccio est *vraiment* tout petit.

– Alors allez-y Salomon, ne tournez pas autour du pot. Vous connaissez donc Garance !

– Garance, non.

– Alors qu'est-ce qui vous prend ? s'empressa de contre-attaquer Mattéo.

Il ne fallait surtout pas qu'un nouveau silence s'installe. Mais ce soir-là les mots venaient d'eux même, le siècle dernier s'invitait sans peine dans l'habitacle.

– J'ai connu sa mère, s'enhardit Salomon. Quand j'ai vu Garance aux infos, je me suis instantanément rappelé une certaine Adèle, de Borgo. C'était il y a bien longtemps, pendant la guerre, mais parfois des visages ne s'oublient pas... Alors, j'ai fais mes recherches sur internet. L'enfance de Garance Sacchi à Marseille, née Ceccaldi, de mère Corse, d'un père patron-pêcheur, avec un joli nom de circonstance : Sauveur... Je suis tombé sur son coup de sang contre la fusillade devant la Collectivité. Du tempérament, comme sa mère ! Et puis ce prénom, Garance, celui des *Enfants du paradis*. Je me suis dit alors que ce ne pouvait être qu'un hommage. Adèle adorait Arletty. J'ai pensé à l'époque qu'elle serait actrice elle aussi. Si seulement elle était montée à Paris.

– Attendez ! coupa Mattéo. Vous connaissez donc Mina... la grand-mère de Luna ?

– Sacré hasard n'est-ce pas ? C'est Adèle qui m'a livré le nom de ce SS : Ange Fabiani. Il venait de lui arriver quelque chose de terrible. De mon côté, je cherchais le responsable de la mort de Francette.

– Quoi ! La grand-mère de Luna est mêlée à la mort de votre sœur ?

– Directement non, mais parmi les instigateurs il y avait son amant. Je ne vais pas te faire tout le topo maintenant, je te raconterais plus tard... Là, on va libérer Garance.

– Et on s'y prend comment ?

– J'ai l'impression que je peux tenter quelque chose. J'ai toujours fais confiance à mon instinct. Alanu, je le connais depuis qu'il est petit.

– Alanu ? fit fiévreusement Mattéo. Vous voulez dire Alain Bassani ?

– Oui. Tu connais le dicton populaire ? Chaque famille Corse compte en son sein un gendarme, un instituteur... et un bandit. Eh bien, chez les Bassani, j'ai connu le gendarme. C'était pendant la guerre, il s'appelait Vicente, il m'a formé dans la résistance. Et depuis la fusillade, je découvre son petit-fils, le bandit. Tu me demandais ce que j'avais bien pu cracher au visage du *gorille*, comme tu l'appelles. Eh bien, qu'à s'en prendre à un gamin, il insultait et souillait ses ancêtres. J'ai rajouté que son grand-père, Vicente, était mon ami et qu'il le regardait de là haut. Tu as vu, ça a suffit à le faire déguerpir.

– Dommage alors que vous n'ayez pas été là sur le port. Pour le coup, l'honneur de son nom, de sa famille, il s'en lave les mains.

– Peut-être que je peux au moins limiter les dégâts. Pour Vicente.

Partout autour d'eux se déployait une terre sauvage et montagnarde. On sentait autour du véhicule des parfums frais de sous bois, on ne voyait personne dans les parages, il fallait attendre au moins dix minutes entre chaque automobiliste sur la route nationale.

Les confessions de Salomon excitaient Mattéo, mais celui-ci se sentait gagner par une immense fatigue. Le roulis, le chauffage, il avait à peine dormi la nuit précédente.

– Je pique un petit somme, j'en peux plus.

– Vas-y, *ghjuvanottu*. Je te réveille avant notre arrivée.

D'autres virages, la chaussée de plus en plus glissante, et les mains de Salomon qui s'accrochaient telles les serres d'un milan royal sur le volant. Avec sa robe rousse et sa queue échancrée, cet aigle survolait la voiture depuis un bon moment, comme s'il indiquait le chemin.

Les pensées de Salomon volaient vers d'autres cieux. Tant d'années après, la plaie du deuil restait béante. Car les morts existent même quand ils ne sont plus là depuis longtemps, très longtemps.

SALOMON, 1944-1948

Le notaire Ange Fabiani était un bagarreur, heureux d'en découdre jusqu'aux steppes les plus reculées de l'URSS. En rejoignant la Waffen-SS, il ne pensait quand même pas avoir si froid et s'ennuyer autant. La plaine russe lui semblait monotone : des marécages, des bois coupés en deux par des rivières, des champs râpés. Son groupe stationnait parfois près des villages et trouvait refuge dans une vieille isba en bois. La soupe aux pois agrémenté d'un peu de lard qu'on leur servait ne valait vraiment pas celle de sa mère, il lui manquait le pistou, et surtout le goût de sa salle à manger, les odeurs d'Ajaccio, la présence de sa famille. À ses côtés, se trouvaient des géants des légions caucasiennes ou géorgiennes engagés pour combattre les Bolcheviks. Heureusement qu'avec eux il y avaient les combats à la mitraillette, de temps à autre la prise d'un village, l'exécution d'ennemis, et bien sûr le viol des jeunes femmes. D'une certaine façon, lui et ses camarades régnaient sur les prairies. On les contemplait avec un mélange d'effroi et de respect. Ils étaient seigneurs et caïds. Dieu qu'Ange

Fabiani aimait ce reflet féroce de lui même, si seulement les choses pouvait continuer comme ça à son retour en Corse !

Naturellement, il était loin d'imaginer qu'un jeune homme l'attendait là-bas pour lui trouer la peau.

Salomon trépignait.

Salomon piaffait d'autant plus ce 7 juin 1944 qu'un journal passait de mains en mains dans l'atelier Chétrit. À plus de mille kilomètres d'Ajaccio, les forces anglaises, américaines, canadiennes et françaises déferlaient depuis hier sur les plages de Normandie. La bataille finale était lancée. Les Alliés parvenaient à pénétrer dans les terres. Même si les contre-attaques allemandes ne manqueraient pas, la guerre prendrait fin bientôt.

La famille suivait les combats à l'écoute de Radio Londres.

« Ici la France ! », rugissait furieusement De Gaulle. La marée de la liberté refluait partout. Revenaient les beaux jours avec la prise de Rome. À l'été, Paris et la Provence étaient libérés, mais l'oreille de Salomon n'en avait que pour le front allemand. Que devenaient Ange Fabiani et les traîtres de la Division Charlemagne alors que l'Armée Rouge, après les victoires des Pays Baltes et Varsovie, s'élançait vers Berlin ?

La réponse lui parvint alors que se profilait la rentrée du mois d'octobre au lycée Fesch. Ses études secondaires s'achèveraient en fin d'année scolaire s'il obtenait le baccalauréat. Le proviseur, Monsieur Pinguet, comptait sur lui. Il aimait en particulier cet élève méritant. Son engagement dans la résistance et la dignité de sa famille face aux épreuves lui assurait une grande renommée. D'où tenait-il cette assurance ? s'interrogeaient ses professeurs. S'il s'y prenait bien, assurait Monsieur Pinguet, Salomon pouvait finir Préfet, en tout cas l'administration lui ouvrirait grandes ses portes, dans les colonies, ou même à Paris.

Cette immense confiance en lui permettait à Salomon d'espionner sans relâche la famille Fabiani. Avide de nouvelles, il volait leur courrier, ou se faufilait sous les fenêtres de leur domicile du parc du Casone dans l'espoir d'attraper au vol une confidence. La famille du notaire avait été facile à trouver après la confidence d'Adèle. Mais, depuis Pâques, rien de probant n'avait filtré des fenêtres de leur maison bourgeoise.

Un matin, Salomon adhéra au Parti communiste. Comme un fait exprès, Fabiani lui donna l'après-midi même des nouvelles de l'Armée rouge. Pour guetter sa correspondance, Salomon opérait directement à la poste centrale : les camarades du Front national y faisaient ce qu'ils voulaient. Sans tergiverser, on lui mettait de côté les lettres destinées à la famille honnie. Il venait vérifier deux ou trois fois par semaine le contenu des enveloppes, et là, un pli adressé en France par le courrier Allemand avant la déroute des armées du Führer surgissait par miracle depuis Paris. Les bruits de fond du cours Napoléon s'évanouirent quand Salomon eut sous les yeux la date du 30 mars 1944. Le SS Ange Fabiani percevait parfaitement la débandade en cours. La fin approchait, il ne doutait pas que les Pays Baltes puis la Pologne allaient passer sous le drapeau des Soviétiques. Il écrivait donc :

« Ma chère femme,

Je fais mon devoir comme je l'ai toujours rêvé, contre le bolchevique et le sans Dieu. C'est un SS qui t'écris. Nous sommes un ordre de chevalerie, un ordre de soldats, nos lois sont dures. Notre voie est toute droite, sans compromis, et notre but est la victoire européenne, de la Race. Hitler est l'homme qui seul est capable de façonner les destinées de l'Occident et de la France. J'irais le défendre jusqu'à Berlin, farouchement, et si je suis pris par les Américains et les troupes françaises, eh bien, je serais condamné à mort. Ma chère femme, pardonne-moi. Je t'embrasse de tout mon cœur. Embrasse ma pauvre mère et les enfants.

Crois toujours en Dieu et pardonne le mal qu'on nous fait injustement. A Dieu.

Salomon se demanda s'il devait déchirer ce courrier ou au contraire le replier soigneusement pour la tournée du facteur. Il jugea plus cruel qu'il parvienne à l'épouse Fabiani, cet homme faisait preuve de tant de fanatisme qu'elle l'enterrerait vivant, combien de fous furieux comme lui allaient rentrer des décombres de Berlin ? Au parti, on assurait que les Soviétiques rassemblaient des millions de soldats, des milliers de chars et d'avions pour s'emparer de la capitale du Reich. Ce n'était donc plus qu'une question de temps...

Mais étrangement, Salomon se disait que le notaire allait s'en tirer. La majorité des Français trouveraient un moyen de s'en sortir, ils n'étaient plus que deux mille illuminés face à l'Armée rouge, tous les témoignages convergeaient pour assurer qu'il n'y avait rien de glorieux chez eux, ils se planquaient ces lâches, aux avants postes l'état-major sacrifiait plutôt les Jeunesses Hitlériennes.

Alors le temps passa. Toussaint, Noël, janvier 1945, et les premiers bourgeons dès la fin février...

L'ennemi connut défaite sur défaite. La route sur Berlin s'ouvrit le 16 avril par la prise des collines de Seelow. Partout dans Ajaccio (sauf chez les Fabiani et quelques collaborateurs naturellement), c'était une joie de voir l'ennemi taillé en pièces par l'Armée rouge. Le 25, Américains et Soviétiques firent leur jonction à Torgau. Hitler ne s'était pas encore suicidé que déjà les soldats étrangers de la Wehrmacht ou de la SS étaient capturés et faits prisonniers. Beaucoup voyaient leur sinistre épopée se conclure face au peloton d'exécution, certains partaient s'éteindre à petit feu au goulag.

Tandis que d'autres...

Sa bataille de Berlin, Ange Fabiani l'enjoliverait toutes les années qui lui resteraient à vivre. Dans les ruines, deux cent cinquante Français formèrent bien le dernier carré du régime nazi acharné à défendre la chancellerie et le bunker du Führer jusqu'au bout.

Quant à lui...

Transi de peur sous l'orage d'acier, Ange Fabiani troqua son uniforme pour le costume d'un civil surpris au détour d'une impasse. L'homme faisait sa taille, il l'avait jaugé de loin avant de le dépouiller sous la menace. Seul son slip restait SS, jusqu'aux chaussettes il endossa l'allure de ce malheureux fonctionnaire d'un ministère du Reich. Plutôt que de se battre comme il le brodera, fier comme un coq, Ange Fabiani se planqua dans une cave pendant l'ultime combat contre la Wehrmacht. Survivre et retrouver Ajaccio, il n'y avait plus que ça qui comptait pour lui. Finalement recueilli par des Américains après la capitulation allemande, il se fit passer pour un pauvre jeune homme exilé en Allemagne sous la bannière du S.T.O., ce commode travail obligatoire qui permit à bien d'autres enragés comme lui d'échapper à la justice militaire.

À cette époque, Salomon fréquentait la Maison du Combattant près du port, une belle bâtisse d'allure coloniale où la conversation roulait toujours sur la nécessaire épuration et la traque des collaborateurs suspectés d'intelligence avec Vichy et l'occupant italien. Le cas du notaire Ange Fabiani revenait souvent, on ne parlait pas seulement d'inscriptions antisémites, mais aussi de délation, de compromissions bien affichées. Jusqu'où avait-il été dans la trahison, ce salaud ? Comme parrain pour son fils né avant qu'il ne parte rejoindre la légion Charlemagne, Fabiani n'avait pas trouvé mieux qu'un cruel officier des Chemises noires, un nommé Salvini ! Et, surtout, ce fanatique avait été vu en compagnie de Walter Rauff, débarqué en juin 1943 à Ajaccio avec une quarantaine de SS choisis par l'espionnage allemand. Cette sinistre petite troupe, habillée en civil, disposant de faux passeports français, voulait former des corses pro nazi à des opérations de sabotage en cas de débarquement des Alliés. Pris de court par la résistance, ces saboteurs n'avaient pas eu le temps de se dévoiler ni d'exercer leurs basses œuvres, mais au moins avait-on identifié

Fabiani. S'il réapparaissait vivant on allait le châtier, ce traître.

Les menaces de la résistance devancèrent une inculpation par la cour de justice de la Corse chargée de juger les faits graves de collaboration. Son dossier était si épais que le tribunal le condamna à une sentence de mort par contumace. Une heure de débat suffit : si Ange Fabiani posait un pied à Ajaccio, il serait fusillé séance tenante pour « atteintes à la sûreté extérieure de l'État ».

La nouvelle parvint au traître alors qu'il avait déjà gagné Marseille avec méthode et prudence. Il piaffait de s'embarquer, et s'interrogeait. Après tout, pourquoi ne pas prendre le maquis et confier son destin à l'éloquence d'un avocat ? En appel, il écoperait sans doute de travaux forcés. C'était tentant, mais rompu à la violence des hommes, finalement persuadé qu'il risquait gros, il fit le choix de disparaître derrière une frontière.

L'Espagne ou l'Italie, avec la possibilité de rallier l'Argentine depuis Gênes ? Il choisit finalement Barcelone, car tout un tas de monastères dans les terres offraient des solutions de replis en cas de traque. Il prit finalement ses quartiers à Montjuïc, non loin du jardin botanique. C'était l'été 1945. Quelques mois plus tard sa femme commença à lui rendre visite dans le plus grand secret. Bientôt on l'aperçut enceinte.

Six mois passèrent. Salomon se concentra sur les épreuves du baccalauréat prévues en juin. Réservé à une élite, le concours nécessitait de travailler ferme. Il avait de bonnes notes, et obtint le prix d'honneur de la dissertation française dans la section latin-langues le 1er juillet, de quoi nourrir de grandes espérances. La filière des humanités classiques s'ouvrait à lui. De temps à autres, la tentation de transposer ses états d'âmes sur le papier le prenait. Esther l'encourageait, lui demandant de lire à haute voix dans l'atelier des passages très imaginés sur la solitude de l'homme, la fatalité des passions.

Cet élan créatif s'effondra d'un coup. Car, pour aller plus loin dans ses études il devait rejoindre Marseille et le lycée Thiers où l'attendait une prestigieuse hypokhâgne. Fin août, il n'en finissait pas de refaire sa valise, l'internat l'attendait, mais sa détermination faiblissait chaque jour d'avantage. Paralysé, il se sentait tout simplement incapable de s'arracher à sa terre natale. Il avait vécu trop de choses dans la résistance, noué de solides amitiés, pas question de tout recommencer à zéro, ailleurs.

Gaby Chétrit manqua de s'effondrer en pleurs quand Salomon lui confia qu'il laissait tout tomber. Les menaces paternelles n'eurent aucun effet, il ne se voyait vraiment pas vivre seul sur le Continent, il l'aimait trop son île, plus qu'un diplôme ou un joli poste dans l'administration : il envisageait dès maintenant d'entrer dans la vie active.

Désemparé par ce gâchis, Gaby menaça son fils de le chasser de l'atelier car il ne voulait pas coudre non plus. Sans s'apaiser Salomon ruminait bien sûr qu'il n'aurait jamais la peau du « meurtrier » de sa sœur, impossible de le traquer à Barcelone. En octobre 1946, ce fut donc un jeune homme désenchanté qui se présenta à la réception du Grand Hôtel Continental.

Face à Angèle, il avait inventé ce poste de boy à tout faire. Mais finalement c'était une bonne idée, car on l'embaucha à divers emplois, des cuisines aux chambres en passant par le jardin. Ces charges lui laissaient le temps de vendre à la criée le *Corse Matin* qui s'arrachait depuis un an. Dans une sorte d'hyper activité il retrouva un certain moral et agrégea autour de lui une petite bande. Il eut aussi quelques flirts, et deux années passèrent sans qu'il s'en rende compte, puis trois.

Jusqu'à – miracle ! –, se retrouver un matin tiède d'octobre 1948 sur la piste du notaire passé par la SS, le sinistre Ange Fabiani.

17

Salomon freina brusquement. Parvenu au col de Roccapina, il venait d'apercevoir une ombre recroquevillée sur elle même, un corps balayée par des éclats de lune. À cette secousse, Mattéo réagit immédiatement et s'éveilla d'une heure de sommeil.

– Hein, qu'est-ce qu'il y a ?

– Je ne sais pas, j'ai vu quelque chose sur le bas-côté.

Salomon recula une centaine de mètres sur la RN 196 et stoppa la BMW à l'entrée d'un petit parking isolé. Juste derrière, se dessinaient les contours d'un snack, une buvette pour admirer la mer et le fameux lion taillé dans le granit rose, son échine, sa crinière, et son profil royal. *U vëchju* se pencha et ouvrit la boîte à gant. Mattéo s'écarta devant un Glock 17, revolver semi-automatique dix-sept coups. Salomon promena l'arme devant le pare-brise, ouvrit sa portière et partit dans la nuit claire explorer les environs. Tassé dans son siège en cuir, Mattéo sentait son cœur battre à tout rompre. Salomon s'avançait en plissant les yeux. Bientôt des cris étouffés retentirent : rien d'intelligible, mais un souffle humain.

Garance. Salomon avait ralenti son allure au passage de Roccapina, cet archipel de pierres dressé au-dessus des vagues et d'une plage de sable blanc. En pleine chasse à l'homme, il voulait s'imprégner de la lente besogne des éléments, comment le vent, l'eau et le sel de Méditerranée avaient taillés dans le roc ce lion, certes, mais aussi un éléphant, un toucan, un rhinocéros, un chameau... Sans son instinct, Garance passait sa nuit ici. Bassani avait lié ses chevilles et ligoté ses poignets à l'anse d'un vieux puits. Pour l'empêcher d'hurler, ce sadique avait placé sur sa bouche un épais adhésif argenté.

Arrivé devant elle, Salomon la contourna tranquillement avant d'ôter son bâillon d'un coup sec. Ce fut très douloureux. Garance ouvrit la bouche comme un poisson hors de l'eau :

– Aie ! Merci ! Ce salaud, va payer, il m'a...

– Attendez, ne bougez pas. Mattéo ! Prend le poignard sous les cartes, dans la portière, de mon côté.

Sans rien comprendre, Garance distingua une silhouette qui se précipitait vers elle, braquait la lampe-torche d'un smartphone sur son visage ravagé d'épuisement, laissant à Salomon le soin de trancher les liens qui la retenaient prisonnière. Libre, elle put se lever et faire quelques pas lents et mal assurés. Mattéo contemplait sans rien dire. Elle s'adressa à lui, ses yeux incendiaient le monde entier :

– Vous me prêtez votre téléphone ? Il a balancé le mien, je veux parler à ma fille.

– Tenez, on vient de se parler, s'empressa-t-il d'ajouter le numéro de Luna est le premier de la liste.

Prise au dépourvue, Garance mit quelques secondes à réaliser. Il était là, ce fameux Mattéo ?

– Tu es le copain... de ma fille ?

– Oui, son amoureux, se surprit-il à répondre.

– Et qu'est-ce que tu fais là ?

Comme Salomon, il jugeait que « c'était une longue histoire ». Il devait cependant s'expliquer, même le plus succinctement possible. Il prit un air blasé, dissimulant en réalité une grande excitation, peu de jeunes gens vivaient une aventure pareille.

– Je vous présente Salomon. C'est mon ami, il connaît Alain Bassani, c'est le nom de votre ravisseur. Luna m'a appelé juste après votre enlèvement. On s'est lancé à vos trousses, Salomon et moi, car on connaît la planque de ce voyou. La voiture est passée devant vous, moi je dormais, mais lui c'est un lynx, il vous a vu.

Constance écoutait en silence, se retenant de craquer, imaginant sa fille au chaud à la maison. Salomon la ramena sur terre en l'avisant du plan qu'ils allaient suivre.

– Madame, ce ne sera pas long. Je vous demande une heure, pas plus. Il faut stopper Bassani, et j'ai peur que la police n'aggrave la situation avec ses gros sabots. Si vous appelez Luna, forcément ils seront au courant, ils lâcheront les hélicos, les tireurs d'élite. Je sais où il se planque. Venez, réchauffez-vous dans la voiture, on part à Gianuccio.

– Gianuccio ?

– Oui, un hameau pas trop loin d'ici. Il y a là-bas une bergerie qui appartient au clan Bassani. C'est un endroit très discret. Les Résistants l'utilisaient pendant la guerre. À Roccapina, stationnaient mille hommes de l'armée italienne pendant la guerre.

À chaque virage en épingle, les phares balayaient un océan vert de myrtes, pistachiers-lentisques, cistes et salsepareille, un maquis infranchissable défendu par les épines droites et acérées des calycotomes. Depuis Monacia-d'Aullène, la D50 grimpait fort pour se frayer un chemin à l'aplomb des montagnes.

Sur le siège arrière de la BMW, Mattéo se sentait ému. Mine de rien, son coup de fil avait permit de sauver Garance. Jamais Salomon ne se serait élancé seul à la poursuite du gorille Bassani. Il avait donc fait le bon choix.

Une phrase passait et repassait dans sa tête : « Adèle, il venait de lui arriver quelque chose de terrible ».

Qu'avait subi la grand-mère de Luna ? C'était troublant, car devant lui se trouvait la fille de cette dame. À Villanova, il avait eu le temps de détailler son beau portrait noir et blanc posé sur un meuble du salon. Luna l'adorait, elle tenait à ce qu'il soit maintenant exposé dans la pièce à vivre. Grand-mère, mère, fille : les visages se répliquaient à quelques nuances près de génération en génération, à croire que les gènes des hommes s'effaçaient dans cette famille. Les mimétismes sautaient aux yeux. Elles se ressemblaient comme trois gouttes d'eau ces femmes-là.

Un souvenir traversa son esprit. De l'ordre de la sensation, le souvenir rapide du trouble de Luna face à la photo de Mina, comme elle l'appelait. Elle lui avait répété combien de fois qu'elle devait la joindre à Marseille pour le Concours national de la résistance ? Ce n'était pas sorcier quand même de joindre sa grand-mère. Hum... Si ce salaud de SS avait été repéré par Salomon grâce à elle, peut-être que des choses pas très nettes trainaient autour de la vieille dame.

Garance se retourna du siège passager et le regarda. Elle n'avait mis que quelques minutes à recouvrer son calme. Visiblement, cette femme maitrisait les évènements de façon presque automatique. Mise en joue, trainée d'une voiture à l'autre, déplacée à toute vitesse à travers la Corse, attachée comme un chien, elle semblait déjà dans l'oubli de ses traumatismes pour vivre pleinement l'arrestation qui s'annonçait. Quel article incroyable elle allait tirer de cette aventure !

– On arrive, dit Salomon d'une voix rauque, celle d'un chasseur à l'affût.

Un frisson parcourut la peau de Mattéo. Il décréta que le temps des cachotteries était révolu. Il se sentait plus fort aussi avec Garance dans la voiture.

– Salomon, on fait quoi pour l'arrêter votre Alanu ?

U véchju perçut l'ironie.

– Je lui parle, c'est tout, il me respecte. Il va se rendre, l'honneur de sa famille est en jeu, sinon il met en place un cycle sans fin. Toi, tu restes dehors. Mais tu m'aides à monter.

Les mots sonnaient bizarrement tant Bassani s'était conduit sans moral. Pas sûr que Salomon croyait lui-même à ce qu'il disait, mais sa fidélité à Vicente mort trente ans plus tôt restait plus forte que tout. Il traversa lentement Gianuccio et se gara tout au bout du hameau, après la dernière maison, là où butait la route départementale et commençait la montagne. Les rochers arrondis surgissait partout de la masse végétale. À plus de 1200 mètres d'altitude, trois d'entre eux, presque en équilibre sur la falaise, formaient *l'Uomo di Cagna*, cet homme de pierre qui scrutait l'horizon.

Mattéo consulta son portable. Toutes les petites barres de réception avaient disparu. Il avait beau agiter son écran, aucun réseau n'apparaissait.

– Allez, en route, ordonna Salomon. Vous, Madame, attendez-nous ici je vous prie.

Personne en vue, juste des arbres maigrichons et un sentier qui partait se promener sur le massif de granit. Après quelques mètres, Salomon s'arrêta et observa attentivement Mattéo.

– Avec mes genoux et mes jambes qui tremblent sur les pierres, j'ai besoin de toi Mattéo. Allez, je m'appuie sur ton épaule, ça te va ?

Bien sûr que ça lui allait !

Ils progressèrent ainsi tous les deux à pas prudents dans la nuit toujours aussi claire, sans faire de bruits, ouvrant de grands yeux sur le chemin tracé par les chasseurs et les randonneurs.

– Et si je m'étais trompé, ce serait farce, fit Salomon avec une lueur malicieuse dans les yeux. Chouette balade quand même, tu ne trouves pas ?

Mattéo opina. Il commençait à vraiment bien l'aimer, ce vieil homme. Ses expressions surannées, sa force, ses mystères... C'était agréable cette complicité, car avec son père, la relation n'était vraiment pas facile. Ses chantiers le menaient aux quatre coins de la Corse, parfois il partait même plusieurs semaines sur le Continent. Il le sentait tellement aigri, engagé qu'il était dans un métier qui toujours l'oppresserait, sans espoir de la moindre liberté, à attendre, à vieillir, de plus en plus épuisé et désabusé, jusqu'à la retraite et la pierre tombale. Cette liberté, cette faculté à vivre sans permission, Salomon en était l'incarnation. Les traits farouches de son visage hurlaient l'indépendance. Et d'ailleurs, comment s'était-il débrouillé pour gagner sa ve ? Mattéo ne connaissait même pas sa profession. Sans emploi, il ressemblait tellement à ces types membres d'une organisation clandestine. Il se pencha vers lui et demanda timidement :

– Vous faisiez quoi dans la vie, Salomon ?

– J'ai évité les ennuis, répondit-il en haussant les épaules.

– Je veux dire, comme métier.

– Il ne faut pas que tu t'inquiètes. Tu ne risques rien avec moi. Si tu veux savoir, j'ai travaillé dans les assurances. Officiellement...

– Et votre femme, vos enfants ?

– J'ai voyagé, l'Afrique, l'Amérique latine... Je ne me suis jamais attaché. Je ne suis pas assez fou pour me reproduire, c'est comme ça...

Ils se regardèrent alors droit dans les yeux sans rien dire et en se disant tout. La pénombre n'y pouvait rien. Peut-être que Salomon l'avait symboliquement face à lui, ce « fils » impossible à concevoir.

À vingt mètres de la bergerie, à un kilomètre du village, la planque du gorille avait l'allure extérieure d'une grotte. Des pierres noires encadraient l'unique fenêtre de la façade et une porte en bois barrait son accès. Salomon allait maintenant se jeter dans la gueule du loup. Mattéo s'apprêtait à le suivre, mais un ordre le cloua sur place :

– Tu m'attends ici.

U véchju dégaina son revolver et s'avança lentement. Mattéo le suivit des yeux jusqu'à le voir frapper et hurler à la porte :

– Alanu, c'est Salomon, ouvre !

Du bruit. Il ne s'était pas trompé, ce flair en toutes circonstances... Le fugitif ne calculait pas, ne cherchait pas à se cacher dans un recoin.

– Tu veux quoi ? fit le gorille en se plaçant au seuil de son antre.

– Te parler de ton grand-père.

– Il est mort depuis longtemps.

– Tu vas le rejoindre assez vite si tu continues. Alanu, tu dois te rendre...

Bassani lâcha un petit gloussement. Son visage de glace le narguait, mais Salomon rangea son arme en signe de paix.

– Je te connais depuis toujours, je t'ai vu bébé. Vicente m'a aidé il y a longtemps. J'ai lui ai promis en échange de protéger ta famille. Pense à ton grand-père, à tes parents, aux cousins... Tu n'as pas tiré, après tout. Réfléchis : les honnêtes gens n'aimaient pas Simon

Bruni. Sa mort reste un règlement de compte entre voyous. Bien défendu, tu ne prendras pas lourd. Mais ta cavale aggrave tout. Cette histoire est déjà allée trop loin. Allez, il n'est pas trop tard.

– Laissez-moi, partez. Retournez d'où vous venez.

Salomon ignora l'injonction et franchit la porte d'entrée. Bassani recula dans l'unique pièce de la bergerie.

– Je ne te laisserais pas foutre ta vie en l'air, fit-il fou de rage. Ne déconne pas, descend avec moi. Voilà le plan : on attend tranquillement à Gianuccio. J'appelle la cavalerie, tu lèves les mains en l'air. Je te trouve le meilleur avocat, un cador. On fera tomber les charges les unes après les autres au procès. Après tout, c'est juste une gamine qui te reconnaît devant la Collectivité, c'est fragile, ça. Bien sûr, on ne pourra pas t'acquitter de l'enlèvement. Mais dans cinq ans tu seras un homme libre, fais moi confiance.

Le gorille se décomposa. L'implacable démonstration de Salomon se tenait. Cinq ans, c'était rien. À sa libération. Il reprendrait une activité sur le port, il reviendrait dans cette bergerie les jours de repos. Alors qu'une vie d'homme traqué...

Il allait prendre sa décision. Il ne regretterait jamais ce choix car il pouvait faire confiance à Salomon. Mais soudain son cœur fit un bond : un son aigu et puissant remontait du hameau. L'un et l'autre reconnurent le bruit d'un hélicoptère en vol stationnaire.

Garance jaillit de la BMW. Elle se retrouva à la fois éblouie et balayée par le vent. Le souffle rotor du *Choucas* se conjuguait à la puissance d'un projecteur.

Titubant légèrement dans des volutes de poussière, elle aperçue une silhouette qui lui faisait des grands gestes par la porte ouverte de l'appareil.

L'appareil oscillait au-dessus du sol. Elle reconnut Mario Condé qui prenait son élan et sautait d'un mètre environ. Il baissa la tête pour lutter contre les bourrasques et lui hurla au visage :

– Vous êtes seule ? Et Bassani ? Et le propriétaire de la BMW ? C'est un complice ?

D'où sortaient-il avec leur hélico ? Garance hésita, car Mattéo se trouvait là-haut, les choses pouvaient mal tourner. Elle réalisa que les bruits se répercutaient en écho en montagne, le trio savait déjà, le mieux était d'intervenir, vite. Elle résuma l'apparition de Salomon.

– Un complice ? gueula-t-elle à son tour. Non, au contraire. Une chance que Salomon m'ait trouvée. Il poursuit ce gangster. Avec l'aide du copain de ma fille.

L'air décontenancé de l'inspecteur encouragea Garance à livrer quelques explications supplémentaires en détachant ses mots pour se faire comprendre dans le boucan.

– Apparemment, Mattéo est un ami de ce vieil homme. Ne me demandez pas pourquoi, toujours est-il qu'ils se sont contactés. Et qu'ils ont foncé tout droit sur la planque de Bassani. Et vous, qu'est-ce que vous fichez là ?

La journaliste reprenait le dessus.

– Cette vieille BMW, concéda Condé. Une habitante de Gianuccio a signalé sa plaque d'immatriculation, personne ne traverse jamais le hameau à cette heure. Déjà un énorme 4 × 4 lui avait mis la puce à l'oreille... Autant vous dire que c'est une pinzutu, la télé ne parle que de votre enlèvement, peut-être, s'est-elle dit... On a vérifié la carte grise : ce Salomon, on l'a à l'œil depuis toujours. Il pouvait avoir un lien avec la cavale, ou pas. Je tournais autour d'Ajaccio, je me suis dit que je n'avais rien à perdre et j'ai foncé. Elle est où cette planque alors ?

Garance se demanda si l'apparition de Condé n'allait pas menacer Mattéo, mais elle se rassura vite, il n'entreprendrait rien qui puisse le mettre en danger. Elle pointa le chemin face à elle.

– Ils sont partis par là, Salomon a besoin du gamin pour avancer. Ils n'ont pas dû aller bien loin.

Le vieux, d'ailleurs, avait dû le placer en retrait. Condé bondit dans l'hélico et quelques secondes plus tard l'engin décollait, rasait la cime des pins, les lueurs de son projecteur surgissant et disparaissant en direction de *l'Omu di cagna*.

– Là, posez-vous.

Condé désignait une petite clairière. Tandis que le pilote luttait pour mettre les patins d'aplomb, il aperçut Mattéo qui courait en leur direction. Le pilote coupa les gaz et serra les freins rotors. La radio crachait des ordres multiples. Par le ciel et la route les renforts convergeaient vers Gianuccio. Le fugitif n'irait pas loin.

– Ils sont tous les deux, balbutia Mattéo.

– Bien, tu montes dans l'appareil et tu ne bouges plus.

À l'intérieur de la bergerie, Bassani regardait Salomon de la tête aux pieds. Celui-ci ne bougeait pas d'un pouce.

– Tu m'as tendu un piège, j'y crois pas !

– Non ! Quelqu'un t'a localisé, ou c'est ma voiture qui a été repérée, je ne sais pas.

– Tu m'as balancé aux flics ! éructa le voyou les yeux rouges de haine.

– Tu te trompes ! Fais-moi confiance, fais ça proprement.

Le hurlement des moteurs s'interrompait, le vent sourd projeté par l'hélico s'estompait. Il n'y avait presque plus de bruit dehors, la nature recouvrait ses droits.

– Ils sont nombreux, à ton avis ?

– Trois à minima. Laisse-tomber Alanu. On fait comme je dis. Tu sors avec les mains sur la tête.

– J'ai un otage ! ricana-t-il.

C'était étonnant, quand même, cette obstination dans la bêtise et la violence. Miné, fatigué, Salomon avait envie que ça s'arrête. Cet homme ne valait pas le coup. Assez, il en avait *définitivement* assez. Après tout, Garance était sauve et Mattéo à l'abris. Il n'avait plus qu'à partir. Non, il ne trahirait pas Vicente, ce garçon était malade, une créature pitoyable, rien à sauver chez lui. Il s'en tirerait peut-être sans un coup de révolver. Ou les pieds devant. Comme tant d'autres jeunes arrogants.

– Bon, soupira-t-il. Je me casse.

– Bouge pas !

– Pardon ?

Il ferma les yeux et égrena calmement, mâchoire serrée :

– Quoi, tu vas me tirer dessus ?

– Je ne veux pas me rendre, tu es ma seule chance Salomon. Pas un geste j'ai dit !

– Bon, comme tu voudras.

Salomon avait un ennemi redoutable face à lui. Sans doute qu'il le sous estima un peu, qu'il oublia l'arthrite qui déformait ses doigts et ralentissait son poignet. Il n'eut pas le temps de dégainer le Glock que Bassani, emplis de rage meurtrière, se jetait sur lui et le projetait dans les airs d'un coup poing au menton.

– T'as pigé, hein, maintenant t'as pigé ?

Au sol, étourdit, Salomon détestait le tremblement qui s'emparait de ses jambes, une danse qui ne lui ressemblait pas, l'humiliait. Il avait la bouche sèche et une terrible nausée. Bassani s'avança à son aplomb. Dans un sursaut et un réflexe de survie, il roula sur lui même et parvint à s'emparer du révolver. Mise en joue, sa cible s'arrêta net.

– J'y crois pas, toi, *u vèchju*, tu vas me buter ? Tu ne peux pas vouloir ça, tu ne peux pas faire ça. Hein ? hein !

Bassani ne laissa pas à Salomon le temps de répondre. L'accablant d'injures, il lui balança un coup de pied en pleine tête, suivi d'un autre dans les côtes. Recroquevillé au sol, Salomon porta les mains à son nez déformé, sa mâchoire brisée, et sentit ses doigts pleins de sang. Un air de stupeur incrédule balayait ses yeux. Une telle incompréhension que la fureur de Bassani retomba. Le regard vide, il ouvrit la bouche, peut-être pour dire qu'il ne voulait pas ça, mais face à lui Salomon se tordait, s'étranglait, recrachait un filet de salive et sautillait par à-coup. Très vite il se raidit, les yeux grands ouverts. On l'aurait dit raide mort.

Bassani ne fut pas long à réagir. Il se précipita à la porte, leva les mains au ciel et hurla :

– À l'aide, à l'aide, le vieux fait un malaise.

Condé se précipita pour lui tordre les bras et le menotter les mains derrière le dos en serrant si fort le mécanisme que les poignets du gorille virèrent au bleu. Du bout de son flingue, il lui ordonna de se mettre à genoux. Il regarda droit dans ses yeux exorbités – « Tu te tiens tranquille » –, et le laissa sous la garde d'un gendarme accouru depuis l'hélicoptère. Dès qu'il fut à l'intérieur, il aperçut le corps de Salomon qui gisait dans une mare de sang. Il s'accroupit à ses côtés : son état semblait grave, mais le cœur continuait à battre. Peut-être un coma, une commotion cérébrale. En tout cas, il ne fallait pas perdre de temps.

Profitant de la confusion, Mattéo avait quitté l'hélicoptère et attendait sur le seuil. Il ne cilla pas face à Salomon sauvagement tabassé.

– Viens, aide moi, lui fit Condé. Tu prends les jambes, moi les aisselles. Attention, on ne doit pas trop le bouger. 1, 2, 3, on y va !

Déjà le pilote actionnait les retors. Bassani, tête baissée sous la garde du gendarme, se tenait dans un coin de l'appareil. Placé sur une civière, Salomon ne bougeait pas, mais Mattéo regagnait espoir, son ami était vivant et l'hélico filait en direction du CHU Ajaccio. Dans sa hâte, Condé avait tranché : chaque seconde comptait pour sauver Salomon, l'ex otage en bas du sentier ne craignait rien, les renforts allaient rapidement la recueillir. C'est ainsi que Garance examina les clefs de la BMW restée sur le contact, qu'elle prit place sur le siège conducteur, et à son tour, dévalant vers la mer, ressentit l'étrange griserie de la vitesse. Il fallait rassurer Luna, vite !

SALOMON, 1948

Rares sont les hors-la-loi qui ne contournent pas leurs propres règles de prudence. Ne serait-ce qu'une fois. Ce jour était arrivé pour le SS Ange Fabiani. On enterrait sa mère Marguerite dans le village de Piana. Depuis l'aube, des hommes du Parti communiste cernaient l'église. Ils n'étaient pas les seuls à espérer sa réapparition. Salomon lui aussi se tenait prêt à bondir.

Le glas sonnait au loin. À vingt ans, Salomon se déplaçait sur une Motobécane 3 vitesses à main, un engin qui faisait un boucan du diable et tombait sans arrêt en panne. Lui qui était coutumier des crevaisons avait eu de la chance aujourd'hui : rien à signaler entre Ajaccio et Piana, sinon des paysages d'une extraordinaire beauté tout au long des 70 kilomètres et, à l'arrivée, des rochers de granit rose courbés comme un peuple de pierres et de formes pétrifiées. Les fameuses Calanches, un Pompéi minéral né de la seule force des éléments.

Contrairement aux camarades de la résistance, Salomon ne croyait pas que Fabiani fut assez fou pour se laisser repérer entre deux longs cierges blancs, près de l'autel et du catafalque qui portait le cercueil de celle qui l'avait mise au monde. Des hommes en pantalon noir et chemise blanche allaient rugir vers le Ciel des chants polyphoniques, le curé bénir le corps et dire la messe, mais non, le SS, ce démon, n'aurait quand même pas la bêtise de suivre ces instants de piétés. Autant l'église formait un monde clos, une souricière, autant le cimetière, un peu coupé du monde sur la route de Vistale, s'ouvrait aux quatre vents avec des multiples angles de fuite. S'il était ce démon, c'est ici qu'il viendrait rendre hommage à sa mère se disait Salomon, dans cet endroit sauvage, à la fois doux et farouche. Il y aurait autant de monde devant la fosse qu'à l'église. Les rangées d'oliviers dévorées d'ombres, les rochers ou même les caveaux et les vielles croix noires semblaient de bonnes cachettes.

En attendant il repérait les lieux.

Devant le monument funéraire des Fabiani, face à la pierre descellée pour y glisser bientôt le cercueil, il réfléchissait à son plan, à ce qu'il allait faire, si son ennemi se présentait. Le visage de Fabiani, reproduit plusieurs fois dans le journal, lui était familier. Il conservait un portrait dans son blouson et le sortit pour l'étudier une fois encore. Les centaines, peut-être même les milliers de nazis qui s'étaient enfuis pour l'Amérique du Sud avaient modifiés leur apparence. Lunettes, perruques, barbe, dentition... Quelle ruse pouvait-il attendre d'un SS ? À condition qu'il se pointe bien sûr. Mais Salomon avait peu de doute à ce sujet.

On était en milieu de matinée maintenant et la messe s'éternisait. Il en faut du temps en Corse pour prêcher l'amour du prochain. Les cloches sonnaient encore, Salomon voyait la scène comme si il y était : des hommes s'emparaient du cercueil posé sur le corbillard et s'avançaient dans l'église. Tous se signaient. Les cousins les plus éloignés s'étaient déplacés à Piana, la famille faisait corps autour de l'épouse du condamné à mort, Ange Fabiani avait eu encore un autre fils, trois petits diables qui se trouvaient sans doute au premier rang. À tous les coups le plus petit hurlait à n'en plus finir, c'est toujours comme ça aux enterrements, il y a toujours un bébé pour hurler. Peut-être les odeurs d'encens.

Salomon recula dans un coin désert du cimetière. Maintenant qu'il fumait des Gitanes il trouvait le temps moins long, il suffisait d'observer les volutes de fumés se perdre dans le ciel, faire des ronds en se tordant la bouche. Il tressaillit en découvrant une vieille dame s'avancer vers le caveau des Fabiani. Elle scruta l'endroit exact de la dépose du cercueil et se signa. Cette visite le ramenait à la tombe de Francette. C'était peut-être une bonne idée, ces caveaux si respectés en Corse. Il n'y avait pas d'ensevelissement, pas de pelletées de terre ni gouffre obscure. Le mort se tenait au-dessus du sol, peut-être qu'ainsi il affirmait sa *présence*, c'était mieux que de l'enterrer, l'enfouir, l'oublier.

Salomon philosophait, mais la réalité le rattrapa. Quelque chose n'allait pas dans la façon de se tenir de cette vieille dame. Dissimulé par les mantilles, son visage était invisible. Il s'approcha à pas de loup et observa les pieds. Un bon 42 ! Bizarre pour une mémé de Piana. Il lança une fois à ses côtés :

– En Corse, les tombeaux sont les plus belles maisons du village.

Immobile, la vieille ne dit rien. Il relança :

– C'est une chance, ce grand amour familial !

Son visage était tout près du sien. Mais les yeux posés sur le caveau, il ne voyait rien de la physionomie de cette « veuve corse ».

La vieille recula lentement, lentement, et fit demi tour pour quitter le cimetière. Salomon se sentait prêt. Une bête sauvage face à sa proie, prête à tuer. Tout ce qui faisait son futur disparaissait. Un geste allait hasarder son destin, mais qu'importe, au fond la paysanne et sa grenade ne l'avaient pas quitté. Des années étaient passées et rien ne l'avait détourné de son besoin de vengeance.

De son côté la « vieille » ne se méfiait pas trop. Ce jeune devait « la » prendre pour une sourde et muette. « Elle » avait eu ce qu'elle voulait, un signe de croix hâtif, maintenant mieux valait déguerpir. « Elle » verrait la suite à la jumelle, de loin.

Toujours aussi rapide et discret, Salomon « la » rattrapa et « la » stoppa net devant la grille :

– Demi-tour, Fabiani ! Tu vas gentiment t'asseoir sur cette tombe. Je n'ai pas beaucoup de temps devant moi.

Toujours aucune réponse.

Salomon arracha les voiles noirs et découvrit le visage en pierre du SS. Il sortit son revolver :

– Assis, j'ai dis !

Comme il était ridicule, ce soldat du Reich en robe noire et souliers vernis visiblement trop petits.

– Sale coco ! sussura Fabiani d'une voix étrangement fluette.

Il se livrait. En réponse, Salomon planta ses doigts sur son épaule droite. Une main tenait le revolver, mais l'autre montrait sa force. Il pouvait facilement l'étrangler, sans arme et costume militaire, le SS Fabiani n'était qu'une petite chose misérable, de ces lâches qui désignent les Juifs, la nuit. Il y eut un lourd silence car tout allait se jouer maintenant, dans quelques secondes.

– Misérable collabo, ordure de SS !

Un sourire mauvais passait sur la figure de Fabiani. De la provocation, mais aussi une sorte de paix, comme si un soulagement explosait en lui : la cavale prenait fin. Sa vie s'arrêtait là. Il avait eu de la chance après tout, Berlin aurait dû être son tombeau. Trois années de sursis au soleil de Barcelone, pas si mal...

– Allez, tire, brava-t-il. Sans procès, sans rien, les bolchéviques sont des assassins, ils se moquent bien de la justice.

– Tu n'y es pas Fabiani. C'est un honneur d'abattre un SS comme toi, oui, mais je suis là pour autre chose... Les descentes des Chemises noires, souviens-toi... Tu les renseignais, hein ? Je vais être plus précis. L'atelier des Chétrit, rue du Cardinal Fesch ?

– Les youpins, comment oublier ça !

Explosant de colère, Salomon ne put s'empêcher de le gifler. Mais il devait se reprendre. Car oui, vraiment, il avait peu de temps. Il avait maintenant l'obligation d'aller droit au but : tirer, puis repartir comme il était venu.

– Des monstres comme toi voulaient que les gendarmes nous amènent dans un camp, ajouta-t-il. Ils espéraient que les nazis n'aient plus qu'à se servir pour nous jeter dans un train. Mais ça n'a pas marché comme ça. Les gens d'ici nous ont protégé. Nous avons tous survécu. Sauf une. Ma sœur, Francette. Par ta faute.

– Cette gamine écrasée ? Allez, j'y suis pour rien.

– Tu crois ça...

Le vent se mit à gémir et un courant d'air froid frappa leur visage. La tête un peu penchée, Salomon se cabra et agita son arme. Pas facile quand même d'exécuter un homme. Il n'avait jamais tué, il ne devait pas trembler. Fabiani s'en rendait compte et changeait du tout au tout. Tout se jouait pour lui à ce moment. Il se mettait à ciller comme une flamme mourante qui grésille et supplie dans le clair-obscur.

– Attends ! implora-t-il avidement. Je ne compte pas sur ta pitié, mais réfléchis... Ton père... Tailleur Chétrit, c'est ça ? Je dois lui parler ! J'ai de quoi transformer l'atelier. Je peux vous équiper en machines modernes.

– Sale chien ! Tu crois que j'ai attendu tout ce temps pour équiper l'atelier. Tu vas crever.

– Attends, attend, supplia l'autre les yeux ardents. Un trésor, qu'en dis-tu, hein ? Si j'ai la vie sauve... la moitié est à toi !

Salomon secoua la tête pour chasser ces élucubrations. Son doigt touchait la gâchette, il se tenait prêt à tirer, mais l'autre bafouilla, d'un ton pathétique et triomphant à la fois.

– Riche, mon gars, tu ne veux pas être riche ? Imagine des pièces d'or de l'an 271, un trésor romain fabuleux, provenant du navire d'un consul...

– Tais-toi !

– Un type puissant qui fuyait Ostie en révolte ! Le navire a pris feu et s'est échoué. Je t'en supplie, écoute ! Sans doute qu'il y avait des milliers de pièces dans les soutes. J'en ai vu une centaine, même qu'un expert parle d'un trésor inestimable. Ces pièces, ce sont des Aurei[1], d'autres des empereurs Gallien, Claude II le Gothique, Quintille, Aurélien...

– Toi, un pilleur d'épaves, tu te fous de moi !

– Tu as raison, au départ j'y suis pour rien. C'est un pêcheur aux oursins qui a trouvé les pièces, elles étaient collées à la roche, entre vingt centimètres et six mètres de profondeur. Elles brillaient encore. Cet imbécile a eu la stupidité d'aller les vendre à un officier des Chemises noires.

– Vite, résume !

– Il se trouve que cet officier est le parrain de mon fils. Et comme il a des relations à Rome, des historiens, des gars dans les archives de la Bibliothèque Farnese, eh bien on a pu dater les monnaies, les effigies, pour se rendre compte qu'elles n'étaient certainement pas là toutes seules. La marine romaine de l'époque a signalé la perte d'un navire. C'était un consul qui prenait ses quartiers en Lybie. Il déménageait et emportait ses richesses, une donation pour fêter les dix ans du règne de l'Empereur Gallien ! Avec un chef-d'œuvre à bord, une statuette en or, pur, de près d'un mètre, d'une valeur inestimable.

– Et le pêcheur ? Mort ?

1. Pluriel de Aurus, pièce constituée *d'or* pur de la République Romaine.

– ...

– Tu l'as assassiné, espèce d'ordure.

– Sur la tête de mes enfants, c'est pas moi, c'est Salvini, le parrain de mon fils.

– Comment veux-tu que je te fasse confiance ? Un trésor, tu parles...

– Je ne suis pas fou, ce trésor existe. Crois-moi, à chaque fois que ma femme vient me voir à Barcelone, elle cache des Aurei dans sa robe. Je suis revenu pour ça aussi. Retrouver la statuette. M'enrichir pour de bon.

La voix de Fabiani vibrait.

– À supposer qu'il existe, il est où ce trésor ?

– Des pièces, il n'y en a plus en Corse. Salvini les a toutes ramené en Italie. Mais dans l'eau, ah, ça... On sait que ce navire transportait un vrai butin. À Rome, je te dis, des spécialistes nous ont aidé. D'autres pièces d'or sont là, suffit de plonger.

– Là où ? Ne cherche pas à gagner du temps.

– *Pianu*, *pianu*, un sentier qui part de Villanova, se dirige vers le golf de Lava.

– Et ? C'est vaste le golfe de Lava. Allez, je te laisse une chance.

– Tu crois quand même pas que je vais te donner l'emplacement exact, pour que tu me descendes après.

– Alors je vais te descendre tout de suite !

Salomon analysait la situation et comprenait qu'il avait bien du mal à tuer de sang-froid. Même une pourriture comme Fabiani. Un éclair de soleil se refléta sur son arme et il tira pourtant... mais dans le genou du SS corse. Des petits os explosés furent projetés jusqu'à ses pieds. Fou de douleur, Fabiani hurla entre ses dents :

– Fouille entre le rocher de Pietra Piombata et la plage du Capo di Feno. Il y a une tour génoise au-dessus...

Tétanisé par la violence de la scène, Salomon enregistrait l'information mais restait interdit. Il ferma les yeux pour se reprendre et chasser le râle aigüe de sa victime. Un instant de trop. Car en un réflexe guerrier Fabiani se releva pour foncer tête baissée sur lui et tenter d'arracher son arme qui valdingua au loin.

La rage et l'instinct de survie décuplaient les forces du notaire. Les deux hommes se retrouvaient à terre, aucun des deux ne prennaient vraiment l'ascendant, rivalisant de coups de poings, de coups de têtes, d'étranglements et de griffures.

La chance fit que Salomon roula à un moment sur lui-même pour se retrouver à portée de main de son revolver. Fabiani se tint à sa merci : il l'abattit alors d'une balle en pleine tête. Le corps mort s'écroula aussitôt sur le sien. Salomon le repoussa dans un mouvement de terreur, mais il ne put s'empêcher de fixer sa figure qui tressautait, de regarder le sang sortir à gros bouillon d'un coin du front. Il s'éloigna du macchabé en flageolant.

Vivant, il était vivant ! Devant sa moto, il se mit à vomir douloureusement.

Dans la vie, on peut toujours imaginer que les événements se déroulent autrement. Tout était parti d'une inscription, « Juifs », sur la devanture de l'atelier. Sans

Fabiani, ce fanatique, les Chemises noires n'auraient jamais fait irruption chez eux, et en aucun cas Francette n'aurait percuté un engin sur deux roues à l'angle des rues Cardinal Fesch et Trois-Marie. Parfois, durant toutes ces années, Salomon avait remué l'idée que la mort tragique de sa sœur relevait de l'accident, que trouver un coupable à tout prix était vain et stupide. Mais sur son île, on ne raisonnait pas ainsi. Il fallait un coupable. Et maintenant que celui-ci se vidait de son sang, il pouvait rendre les armes : Francette était vengée.

Happé par une force brutale – dans ce monde, il comptait désormais parmi les assassins –, il enfourcha sa moto et poussa les gaz à fond, laissant au loin l'église de Piana et son chœur qui s'évertuait :

« Seigneur, prends pitié / Christ, prends pitié. »

Pour lui, après tout, une autre histoire commençait. Alors, ce trésor ?

18

– Maman, oh, maman !

Luna avait seize ans, mais sa voix stridulait comme dans l'enfance, quand des aigus jaillissaient de sa bouche et qu'elle sautillait tel un petit écureuil pour manifester sa joie. Ce soir, elle battait même des mains, Garance venait de garer la BMW devant la maison.

– Allez, serre-moi fort !

En retrait devant la porte d'entrée, Jean-Jo souriait à tout rompre. Deux heures plus tôt, les fréquences de la police l'avertissaient que son amie était saine et sauve. Finalement Garance s'était manifestée directement par un coup de fil depuis Monacia-d'Aullène, premier village après Gianuccio.

– Tu nous a foutu la trouille, convint le journaliste. Qu'est-ce qui t'a pris d'hurler comme ça sur le port ?

– Ce sont des tueurs ! Il faut débarrasser la Corse de ces types. Si seulement tout le monde les dénonçait !

La rage qui l'habitait depuis son article ne l'avait pas quittée. Cette violence, il fallait en finir, sans attendre. Non, ils ne vivaient pas dans un pays en guerre. Plus jamais un enfant, une jeune fille ou un jeune homme ne devait être témoin d'une fusillade...

Luna regardait sa mère avec de l'admiration dans les yeux. Garance paraissait en forme, pas une égratignure, pas le moindre traumatisme apparent malgré des heures passées en compagnie d'un psychopathe. Cette force, elle l'enviait, comme son esprit ingénieux. Saurait-elle lui ressembler plus tard ? Où ses gènes trainaient-ils un peu trop du côté de son père ?

Justement, Antoine apparut lui aussi dans l'entrée.

– Dès que j'ai su j'ai foncé. Bon Dieu, tu nous as foutu la trouille.

Il avait un air un peu minable. Un peu peureux. Pour la première fois, Luna se dit que ses parents n'étaient pas si bien assortis que ça. C'était une révélation douloureuse, qui contenait déjà la perspective d'un beau-père dans sa vie, un homme qui serait sans doute très différent d'Antoine. Elle l'imaginait discret, oui, il la ramènerait moins, il serait ouvert au monde, moins porté sur le sport et les bagnoles, fan de cinéma et de littérature.

Bon, la famille explosait, la famille appareillait vers des terres nouvelles, et dans cette recomposition il ne fallait pas perdre de vue... Mina, la « tondue de Borgo ». Ce soir, pendant toutes ces heures insupportables d'angoisse, ses yeux s'étaient posés plusieurs fois sur son portrait en noir et blanc. Fallait-il profiter du capharnaüm ambiant, tirer le bouquet final du feu d'artifice, en quelque sorte, pour dire à sa mère qu'elle avait déterré un secret du passé ? Vu le sang froid qu'affichait Garance, Luna se dit qu'elle ferait face sans problème à cette nouvelle, pas besoin de la préserver. Elle se trompait.

Quelques larmes de joie avaient coulé, Antoine et Jean-Jo avaient rebroussé chemin autour de minuit, mais ni Garance ni Luna ne souhaitaient partir dormir. La première dégustait un vin blanc très fruité de Patrimonio, la seconde un lait chaud.

– J'ai eu Mattéo, il reste au chevet de Salomon. J'irais le voir demain, moi aussi.

– Il ne veut pas rentrer dormir chez lui plutôt que se morfondre ? Il ne peut rien. Tu dis que les médecins ne veulent pas se prononcer ?

– Ils disent que c'est un coma léger. Salomon respire sans machine, mais le scanner révèle des contusions cérébrales.

– Alors tout peut arriver. Une amélioration ou une aggravation selon l'apparition d'un œdème cérébral.

– Tu es médecin ? taquina Luna.

– Non, mais tout le monde sait très bien qu'un coma, s'il n'évolue pas rapidement, est rarement réversible.

– Apparemment, Salomon est invincible.

Une pause, puis :

– Tu sais qu'il a connu Mina ?

– Quoi ?

– Oui, il l'a dit à Mattéo juste avant de te retrouver. Ils parlaient du gorille, Mattéo imaginait que Salomon voulait éviter un bain de sang, limiter les dégâts, mais il a pensé que ce ne pouvait pas être un motif suffisant pour un homme comme lui. Il a eu de l'instinct, car il s'est dit que vous vous connaissiez tous les deux, qu'une journaliste comme toi avait des contacts un peu partout, et c'est pour ça qu'il se portait à ton secours, qu'il roulait à toute allure le jour de Noël plutôt que de rester au chaud chez lui.

– Non, coupa Garance, je n'ai jamais croisé de Salomon.

– Attends ! D'après Mattéo, il a saisi en te voyant à la télé. En gros, il s'est rappelé Mina. Il l'a rencontrée pendant la guerre, à Borgo, et d'après lui tu es sa photocopie. Mina a compté dans son existence. C'est grâce à elle qu'il a retrouvé le responsable de la mort de sa sœur. Tu me suis ?

– Oui, bien sûr, il lui est arrivé quoi à sa sœur ?

– Je ne sais pas, mais ce qui est intéressant, c'est que Salomon a dit un truc à propos de Mina : « Il venait de lui arriver quelque chose de terrible ».

Luna inspira profondément.

– Tu as une idée de cette *chose* terrible ? reprit-elle.

– Non, pas du tout. Ma mère ne parle jamais de la Corse. Elle n'avait pas vingt ans quand elle a quitté son village. C'était la guerre...

Luna prit le temps de finir lentement son lait. Sa mère était visiblement en proie à des conclusions sinistres. Car que peut-il bien arriver de « terrible » à une jeune fille pendant un conflit, sinon d'être violée par l'ennemi ?

– Maman, dit-elle en lui prenant la main, je sais ce qui s'est passé. J'ai compris par hasard, il n'y a pas longtemps. Tu te souviens quand j'ai demandé à revoir sa photo ?

Luna désigna le portrait dans le salon tout en marquant un temps d'arrêt.

– Je voulais être tout à fait certaine. Je venais de tomber sur un cliché affreux aux archives départementales. Tu le trouveras facilement sur internet sous le titre : « La tondue de Borgo ».

– Tondue... Tu veux dire...

Depuis longtemps Garance n'était plus tombée sur ces images de femmes au crane rasé, promenée sous les huées de la foule. Le thème revenait périodiquement dans l'actualité. On ne manquait pas de témoignages. Certaines avaient trahi, envoyé à la mort des résistants, ou travaillé pour les Allemands. La moitié, disait-on. Ce qui laissait une autre moitié d'infortunées tout juste coupables d'une histoire d'amour ou d'une faiblesse à se reprocher. Pour Mina, une chance sur deux, alors...

– Je suis certaine qu'elle est tombée amoureuse ! ajouta Luna comme si elle lisait dans les pensées de sa mère. D'un Italien, j'espère, plutôt que d'un Allemand !

Garance l'observa sans répondre. L'avait-elle oublié, ou revu, cet amant de jeunesse ? Mina ne pouvait avoir du sang sur les mains, ça ne tenait pas debout l'idée qu'elle ait été fasciste, rien dans sa vie d'après n'indiquait une telle piste. Oui, une histoire d'amour, ça n'avait rien d'un acte politique, ça s'excusait.

Mais tout s'emmêlait. Intérieurement, Garance brûlait les étapes. Elle sautait les années et comprenait maintenant pourquoi sa mère l'avait eue si tard, dans la quarantaine, une anomalie à son époque. Sans doute qu'il lui avait fallu des années pour surmonter le choc de ce supplice. Atteinte dans sa féminité, elle avait attendu toutes ces années pour se retrouver enceinte. Dire qu'elle croyait que ça ne « marchait pas bien » avec Sauveur

Ceccaldi, que son père patron-pêcheur affrontait mieux les tempêtes que les draps froissés, mais non, comme elle se trompait.

Droite comme un « i » sur son fauteuil, Garance sentait des larmes qui lui montaient aux yeux. Tondue. Cette nouvelle l'atteignait en pleine poitrine. Jamais elle n'effacerait cette image de sa mère. En un éclair la veille dame revêche du quartier du Panier était devenue une jeune femme victime de la foule à Borgo. Mais, comme toujours, ce n'était pas à elle qu'elle pensait. Elle éliminait les silences et les gestes manqués, les signaux de détresse auxquels Mina n'avait jamais répondu. Elle considéra Luna avec crainte. Un silence, puis elle se lança :

– Bon, on va se renseigner, on va comprendre. Dans les familles, des tas de choses se transmettent de génération en génération, cet héritage se transforme parfois en infirmité. Je ne veux pas que tu commences ta vie avec des fantômes, des secrets. Et surtout, il ne faut pas avoir honte, tu m'entends ?

Ça passait les générations ce genre de traumatisme ? Ça se léguait comme une maladie génétique ? De mères en filles...

– Cette photo, tu vois, c'est de l'histoire ancienne, précisa Garance. Interdit de tourner en rond, de se dire qu'on se ressemble toutes les trois. On va passer à autre chose. Rapidement.

Mais Luna butait sur ce mot : honte. Autour d'elle, on avait souvent « honte ». Des parents. Du qu'en-dira-t-on. Comme si tout ce qui touchait au foyer était trop ringard, ou trop gentil, ou trop sévère, ou trop envahissant, ou trop vieillot, trop... tout ! C'était un sentiment qu'elle ne connaissait pas. L'image qu'elle se faisait de sa mère n'avait pas changé depuis sa petite enfance. Garance était digne d'admiration, cool comme il fallait, pas un instant elle n'aurait songé lui demander de la déposer cent mètres avant le lycée pour la subtiliser au regard des autres.

Cependant, cette photo de Mina, si les *autres* l'apprenaient ?

Forcément, ça la salirait ce crâne tondu. On ne manquerait pas de jaser. Elle n'allait quand même pas nier qu'il valait mieux cacher sa découverte, même à Mattéo. Oui, si Salomon parvenait à tenir sa langue, elle broderait une histoire autour de cette « chose horrible. »

– T'inquiète maman, répondit-elle en étouffant un bâillement d'épuisement. J'appelle Mina demain. Et si elle joue l'idiote, j'en parlerais à Salomon. Enfin, quand il ira mieux.

– Tu crois ?

La voix de Garance se faisait murmure. Les larmes qui montaient doucement lui donnaient la chair de poule et agitaient ses lèvres. Les sanglots se transformèrent soudain en torrent impossible à contenir. Un déluge devant Luna pétrifiée.

– Maman, ça va ?

Non ! Parachevant des heures de tension, une suite cauchemardesque d'instants à jouer sa vie, Garance craquait. Se dire que sa mère avait été tondue l'achevait, la broyait. Sans attendre, elle voulait voir cette photo de sa mère toute déplumée. Peut-être que son imagination exagérait tout, l'emportait vers une représentation encore plus terrible que la réalité.

– Va chercher l'ordi, renifla-t-elle. Cherche pour moi.

Garance profita de l'absence de Luna pour pleurer encore un bon coup et se saisir d'un mouchoir. Au retour de sa fille, elle observa le moteur de recherche sur l'écran, ne put s'empêcher d'espérer une soudaine disparition des banques d'image, mais non, la photo de Mina apparut, cette jolie brune à la robe blanche retroussée aux genoux, au front brûlé, au crane rasé, un sein dénudé entourée d'hommes rigolards.

C'était hyper violent, mais au moins, elle était habillée. Parfois des jeunes femmes apparaissaient nues, violentées par la foule.

– C'est elle, oui.

Un souffle désespéré accompagna la sentence. Après un long silence qui témoignait d'un tourbillon de confusions, elle s'efforça de sourire. Et fit comme font parfois les adultes à la stupéfaction des plus jeunes, se contredire en l'espace de quelques minutes.

– Nous ne saurons jamais ce qui s'est exactement passé, se dédit-elle. Peut-être qu'il vaut mieux oublier, tu ne crois pas ?

Luna fronça les sourcils.

C'était Garance Sacheri qui parlait, là ?

Cette journaliste qui ne cessait de vouloir percer la vérité, cette femme moderne qui ne cessait de répéter qu'il fallait traquer les mystères, les révéler, sinon ils devenaient contagieux, empoisonnaient les gens sans limite, par-delà les générations...

Les rôles s'inversaient, face à Garance exténuée Luna prit l'ascendant :

– Maman, je t'en prie, va dormir. Tu as besoin de repos pour te concentrer sur ton article. Tu as de l'or dans les mains. Jean-Jo te donne une page entière pour raconter ton histoire. C'est une belle occasion de dénoncer les sales types qui nous entourent, tu ne crois pas ?

La résolution de sa fille fit un bien fou à Garance. Elle ne devait pas tout mélanger. L'essentiel, c'était d'être libérée de Bassani. Elle ferait son boulot. Et puis elles reprendraient une vie normale.

SALOMON, 1948 – 1986

Depuis l'assassinat de Fabiani, Salomon présentait un visage heureux. Il n'irait jamais étudier sur le Continent, s'envolait cette idée d'une carrière prestigieuse, mais tant pis, il se sentait si bien en Corse, pour rien au monde il ne quitterait son île. Quand le Grand Hôtel Continental périclita, il expérimenta toutes sortes de métiers, et finit par se proposer à une place vacante signalée à la porte d'un bel immeuble du cours Napoléon. La compagnie d'assurance *Le Phénix* recherchait un commis, quelqu'un capable d'assurer la paperasse comme l'accueil de la clientèle. La guerre et son cortège de destructions avaient relancé le secteur, un nouveau produit faisait fureur : rapidement, il se mit à vendre comme des petits pains cette nouvelle police combinée « Incendie / Vol / dégâts des eaux. »

Il fonda sa propre affaire après quelques années d'apprentissage : la société *Francette&confiances&garanties*. On était en 1950 et une époque bénie s'ouvrait. Aidé par les camarades de la résistance qui le complimentaient partout en ville, il devint rapidement un courtier respecté. Il n'avait pas vingt-cinq ans, et déjà ses bureaux s'ouvraient sur le port de pêche près de la mairie. Un emplacement illustre, une position de notable. Cinq ans plus tard, il atteignait son but ultime. Pour assurer le transport des passagers et véhicules entre Ajaccio et Marseille, la compagnie de navigation *Kalliste* signait avec un lui un contrat de dix ans. Affairistes, politiciens et mafieux lui tapaient dans le dos maintenant qu'il avait accès aux docks et au port d'Ajaccio. De son côté, le brave Vicente avait suffisamment d'appuis pour éloigner les policiers et juges intrigués par des comptes ou des opérations opaques.

Véra, la maigre et gentille fille entrée comme modeste secrétaire à l'étude, était devenue sa femme après quelques mois d'une cour assidue. Une *goy*[1], avait plaintivement observé Esther devant une tarte aux fraises préparée pour le shabatt, s'attirant alors les foudres de Gaby qui affirmait au contraire qu'il fallait « ouvrir la tente d'Abraham, notre père à tous, plutôt que de séparer et exclure, élargir le cercle, tendre la main aux non-Juifs, pourvu qu'ils soient des gens bien, de vertu et de bonté, ainsi de ces voisins qui les avaient protégé. »

Au village de Véra, le mariage n'eut rien de Juif et tout de Corse. Les polyphonies, les chants et les guitares recouvrirent la noce jusqu'à ce que les jeunes mariés s'installent à l'aube dans la chambre d'un veille maison sous les rires, les vivats, et quelques semaines plus tard la jeune femme se découvrit enceinte.

---

1. Non Juif.

Cette bénédiction se transforma en tragédie.

Quand sa femme perdit les eaux, qu'il l'accompagna à la maternité, Salomon arriva à faire le tri et rester calme. L'émotion l'étreignait, mais il plaisantait, embrassait Véra sur le front, dans le cou, lui caressant les cheveux quand les contractions s'intensifiaient, respirant pour elle et lui montrant comment il fallait faire. Mais le « travail », comme on dit, dura dix heures.

Dans les couloirs qu'il arpentait en marchant furieusement, il se sentit prêt à sentir l'odeur de son nouveau-né, à le baigner, l'habiller, le réchauffer, le préparer au rite de la Mila, la circoncision. Au cœur de la nuit, le bébé se présenta en siège, le cordon comme une vipère grise enroulé autour de son cou. Hélas, il s'étrangla et la sage-femme ne parvint pas à le réanimer. Resté derrière la porte, il sentit quelque chose, car il entra et se précipita aussitôt sur Véra. Celle-ci, dans un tel épuisement, s'évanouit aussitôt, le laissant pendant d'interminables minutes face au visage asphyxié de son petit. Le malheur était tel qu'il ne se rendait pas compte que sa femme mourrait d'épuisement. Elle s'effondra d'une crise cardiaque.

Devant une telle catastrophe, Salomon resta plusieurs mois muet, refusant même d'aller travailler. Non pas pour des raisons évidentes de *Tsniout* (pudeur en hébreu), mais parce-qu'il craignait la pitié et hurlait intérieurement au scandale. Il devait voir les choses en face : tout ce qu'il aimait vraiment, la vie le lui reprenait. Hier Francette, aujourd'hui sa femme et son enfant. Et le sort s'acharnait, car bientôt ce fut au tour de Gaby Chétrit de rendre l'âme.

Avec sa mère (qui allait mourir bien des années plus tard), il entama alors une vie de vieux garçon ponctué de vas et viens à l'étranger. L'époque était au mélange des genres avec le monde politique, l'entreprise, les voyous, les chefs de pays africains et les jeux de casino. Il se savait sur écoute, probablement dans le collimateur d'un juge et de nombreux enquêteurs, mais avec prudence et rouerie il demeurait aux yeux de la justice cet assureur qui savait conseiller un paradis fiscal à ses clients, rien de plus.

Il ne risqua d'autant pas grand chose qu'il s'abstint de verser la moindre goutte de sang. Le meurtre d'Ange Fabiani lui avait laissé bien plus que de l'insatisfaction. Il sentait qu'il n'y avait plus cet abîme de la vengeance en lui, mais justement, c'était comme si son geste n'avait servi à rien. Le SS Corse était oublié de tous. Probablement qu'un procès aurait inscrit son nom dans les journaux et les livres d'Histoire.

Les femmes entraient et sortaient dans sa vie. Quand Esther mourut au milieu des années quatre vingt, il se retrouva vraiment seul au monde. Il adopta alors un mode de vie radicalement différent. Terminé les assurances ! Il passait ses journées dans les livres, comme si cette existence savante envisagée dans sa jeunesse venait finalement à lui. Sa silhouette se modifia aussi. Il laissait pousser ses cheveux, s'exposait au soleil lors de longues randonnées en bord de mer et portait des vêtements blancs en coton comme un vieil hippie. Après une vie de bandit, c'était marrant quand même de le voir trainer à Ajaccio dans un look peace&love. Transformé en gourou, il aurait sans peine recruté ses adeptes, des fidèles aimantés par sa force. Mais aucune chance de ce côté là tant il prisait la solitude. D'ailleurs, son regard obscur tranchait tellement avec son accoutrement qu'on l'évitait d'instinct.

Tout ce temps, bien sûr, une petite musique accompagnait Salomon, cette voix du SS suppliant : « Un trésor romain fabuleux, qu'en dis-tu ? ».

Personne ne peut résister à une offre pareille. Il s'était précipité à la plage du Capo di Feno dès le lendemain du crime, mais rapidement, avec méfiance, car ce magot pouvait le relier à la famille de sa victime. Qui était au courant à part la femme de Fabiani ? Probablement personne, alors il guettait une silhouette féminine avant de gagner la plage somptueuse du Capo, comme on disait plus simplement à Ajaccio, de s'approcher de la crique, de son rocher de Pietra Piumbata... et de revenir bredouille.

Les fonds marins bougent sans cesse avec les tempêtes d'automne et d'hiver, apprit-il. Chaque année, la mer gagne sur la côte, les flots rongent le maquis, comment s'y retrouver alors ? Il établit un périmètre, *41° 58,2'N/8° 36,6'E*, sur sa carte marine et profita de chaque instant libre pour racler les rochers et le sable.

Sa confiance en lui-même fondit au bout de trois années d'efforts. Il lui fallait du matériel, il n'avait rien du chasseur d'épaves et ne voulait partager son secret avec personne. Le plus simple, se dit-il à un moment, serait de retrouver l'officier des Chemises noires proche d'Ange Fabiani, Salvini, ce receleur des pièces d'or. Mais de ce qu'il avait put comprendre, l'homme s'était évaporé avec son magot. Il se renseigna auprès de numismates en Italie, aucune nouvelle du cruel officier des Chemises noires, mais un nom surgit – Lulius Placidianus –, ce consul était sans doute le propriétaire du trésor. Salomon se mit en tête de retrouver son buste en Italie comme pour se motiver, mais sa résolution flancha à mesure des échecs essuyés.

Alors il s'y remit. Véra était encore vivante, et même à son épouse il ne disait rien de ses plongées sans fin. Ils partaient les dimanche au Capo di Feno, sa femme se reposait sur le sable de la crique tandis que lui tournait comme un poisson autour du rocher de Pietra Piumbata, des failles et des grottes voisines. Naturellement quand sa vie explosa, qu'il perdit femme et enfant, il renonça à percer ce mystère. À quoi bon devenir millionnaire quand on est veuf et sans enfant ?

En 1956, une vente aux enchères relança l'intérêt de Salomon. Quarante et une pièce en or, exactement ces Aurei et Multiples, surgissaient à l'Hôtel des ventes de Monte Carlo. La veuve d'Ange Fabiani écoulait-elle des réserves cachées ? Leur ami fasciste, Salvini, réapparaissait-il ? Ou depuis qu'il avait cessé ses propres recherches, un pêcheur aux oursins, tel ce brave homme abattu pendant la guerre, avait-il eu la main heureuse ?

Salomon repartit nager autour de son rocher. Il commença à prendre un drôle de plaisir à plonger, mais toujours sans rien trouver dix ans durant... jusqu'à apercevoir un jour, derrière son masque, une lueur sur un rocher, un reflet doré parmi les taches sombres des oursins. Il ôta de la roche un médaillon que la revue Numismatique, sur photo, identifia comme une pièce du IIIe siècle de notre ère.

Puisqu'il y en avait une, des centaines d'autres apparaîtraient. Et il deviendrait millionnaire ! Mais il se méfiait. Il se souvenait de Crésus qui tenait ses richesses d'une rivière et de ses paillettes d'or, le Pactole, auquel le philosophe Solon répliquait qu'un homme ne pouvait dire s'il avait été heureux qu'au moment de mourir, et jamais en montrant ses richesses. L'idée d'en faire profiter les autres germa dans son esprit. Ce SS avait joui du trésor, il s'en était nourri, un officier des Chemises noires aussi. S'en emparer pouvait rééquilibre les choses. Il le convertirait en millions de dollars, il songeait à des actions éducatives, semer ses bienfaits dans le cœur des enfants. Il en ferait profiter la Corse au nom de Véra, et le tout jeune état d'Israël en mémoire de Francette. Il ne faudrait pas oublier non plus la famille du pêcheur d'oursins abattu par ces fascistes.

Un beau programme, une ambition qui lui ferait passer les années, donnerait un sens à sa vie, mais qui se heurta à une réalité bien concrète : le trésor était dans les parages, sans doute, mais tous ses efforts restaient vains. Et les années passant, il se découragea définitivement.

En 1983, la tempête prit des allures de cyclone en Corse. L'ouragan fut surnommé Tino, et sans doute qu'il rabattit les cartes dans la crique du Capo di Feno. En septembre, allant aux oursins, deux jeunes frères et leur copain pompier remontaient une première pièce, puis des centaines d'autres. Une pèche miraculeuse, car le trio se mit à plonger sans s'arrêter, toute la journée, au point de déplacer une roche de cinq tonnes au cric de voiture, centimètre par centimètre. Ils découvrirent alors une merveille d'orfèvrerie antique, un plat d'or d'un peu moins d'un kilo, unique au monde, avec l'effigie de l'empereur romain Gallien en médaillon placé au centre. C'était un objet mythique, inestimable, vieux de dix-sept siècles, mais qu'en faire, se demandèrent les trois jeunes gens, car jusque-là ils écoulaient leurs trouvailles aux terrasses des cafés ajacciens. L'objet fut remisé, on verrait plus tard, les trois copains avaient déjà fort à faire à placer toutes ces pièces de monnaies. Des numismates de Paris virent en renfort, et bientôt la rumeur enfla dans toute la Corse. Un trésor venait d'être exhumé quelque part, il n'y avait plus qu'à se servir, ça valait des millions, fallait voir la triplette qui flambait dans les boîtes de nuit.

Salomon eut le déclic en assurant la Ferrari du pompier (l'achat ne collait pas au salaire du bonhomme). Comme il sortait peu et restait sourd aux racontars, l'apparition du trésor lui avait échappé. Mais, en riant, un associé du cabinet le mit sur sa piste. Aussitôt, il comprit qu'il était seul en Corse à pouvoir remonter à la source du filon. La journée était belle. Sans perdre un instant, il se précipita au Capo. Il en eut le souffle coupé de voir la Ferrari garée en lisière des eaux turquoise. Les types ne doutaient pas une seconde de leur impunité, comme lui ils contournaient la loi – en France, un trésor marin appartient automatiquement à l'État –, ils ne prenaient même pas soin de brouiller les pistes, ils se rassasiaient de pièces d'or. Il remonta la plage paradisiaque, s'approcha de la crique en se baissant, sans se faire voir, et observa les plongeurs faire des allers et retours entre *son* rocher et un cabanon où ils stockaient leur matériel. Un frisson le secouait des pieds à la tête. On lui volait *son* trésor. *Ses* pièces et peut-être même cette statuette après laquelle courrait le SS Ange Fabiani.

Peut-être qu'il était temps de redevenir *mauvais*.

19

Luna débarqua au CHU d'Ajaccio en milieu de matinée. Elle frappa à la chambre de Salomon et ouvrit timidement. Lorsqu'elle apparut dans l'encadrement de la porte, Mattéo se leva d'un bond et lui courut dans les bras.

– Les médecins sont optimistes, chuchota-t-il. Il a ouvert un œil, puis s'est rendormi aussitôt. L'interne dit qu'il n'y aura pas de séquelles. On a eu peur, mais la tête, ça saigne beaucoup. Il va s'en tirer avec un nez et une mâchoire cassés. Des côtes aussi...

– J'ai repéré une machine, on prend un café ?

Mattéo se rappela que Luna n'avait jamais vu Salomon. Il se rendit compte qu'elle venait pour lui, accessoirement aussi pour prendre des nouvelles d'un vieil homme qui s'était porté au secours de sa mère. Il referma la porte et la prit par la main à travers les couloirs.

Le personnel médical s'interpelait dans tout l'étage. Des portes claquaient, des chariots et des civières jouaient aux auto-tamponneuses. Un petit salon réservé aux familles jouxtait le distributeur automatique. Tout autour, les murs étaient ornés de dessins d'enfants et de vieilles affiches. À peine Mattéo hésita-t-il devant les touches – thé au citron, soupe tomate, chocolat, cappuccino ou café amer, – que Luna se blottit dans ses bras et l'embrassa sur la bouche. Un premier baiser, suivit de quelques autres d'autres donnés de la mousse brulante sur les lèvres.

Ils restèrent ainsi une heure sur un petit canapé. En apesanteur. À oublier Salomon. À ne pas se douter que *u vecchju* reprenait ses esprits.

Ouvrant les yeux, Salomon se demanda d'abord ce qu'il fichait là. Il regarda le plafond un moment, tourna la tête, et vit les machines et les tubes qui l'encerclaient. Il s'aperçut qu'il pouvait bouger les bras et les jambes. À mesure que son cortex se remettait en route, qu'il retrouvait la mémoire, il comprenait qu'il sortait d'un coma, qu'il était sauvé, ressuscité. La vie !

Les souvenirs affluaient, mais sa conscience s'arrêtait dans la bergerie, au moment où le « gorille » lui sautait dessus. Il apercevait sa botte, et puis... le noir. Il se concentra, fit un effort si violent qu'une douleur insoutenable pressa ses tempes. Tout se mélangeait, la guerre, la belle Adèle, son camarade Vicente, Francette, le SS Fabiani, et bientôt le trésor...

Un long moment s'écoula ainsi, jusqu'à ce que la porte s'ouvre sur deux jeunes gens. Il fronça les sourcils et fit encore un immense effort.

– Ma-jid, râla-t-il la bouche pleine de ciment.

Il ne le reconnaît pas, songea Luna en entendant cette articulation fantomatique. Mais Mattéo, fou de bonheur, se précipitait au chevet de son vieil ami. Oui, Salomon s'éveillait !

Il s'apprêtait à filer dans le couloir pour hurler en direction d'une infirmière « Il est réveillé ! », mais *u vechju* lui demanda d'approcher.

– Viens, j'ai quelque chose à te dire. Je dois me dépêcher, s'il m'arrive quelque chose. Parfois, les moribonds ont un excès de vie. On croit qu'ils sont sauvés, mais c'est un sursaut face à la mort, ils meurent juste après. Majid, je dois te livrer un secret.

– Pas toi Salomon ! tenta-t-il de le rassurer. On dirait bien que tu es immortel. Prends ce verre d'eau, et repose-toi. Ne va pas trop vite, je t'en prie.

Salomon avala goulument le liquide, en réclama un autre, et planta ses yeux sur le visage de son jeune ami. Un peu apeurée, Luna se tenait juste derrière. Majid ? Une seconde fois ? Sans que Mattéo réagisse. Bizarre. S'agissait-il d'un deuxième prénom ? Luna raisonnait vite. Tazi, son nom de famille, décollé de Mattéo, c'est vrai que ça sonnait tout à coup d'origine arabe.

Ainsi s'expliquaient ces longs silence autour de sa famille, son quartier. « Le vieux juif protégeant le jeune rebeu », pas mal comme histoire, se dit-elle avant de reporter son attention sur le blessé.

– Allons, ne sois pas si optimiste, rectifia Salomon. Approche-toi aussi jeune fille. C'est ta fiancée ?

Mattéo opina. Salomon avait chaud. Il repoussa sa couverture et reprit :

– Bon, vous avez entendu parlé du trésor de Lava ?

– Non, firent en chœur Luna et Mattéo.

– Je résume. Au milieu des années quatre-vingt, trois jeunes plongeurs découvrent des pièces romaines très anciennes, vieilles de dix-sept siècles. Ils tombent aussi sur des bracelets, un lourd plat en or pur, 22 carats, et une statuette en or. Le trésor reposait à quelques mètres du rivage, dans une crique uniquement accessible en bateau, près de la plage du Capo.

À la recherche d'un instant de répit, quelques secondes pour se concentrer, Salomon regarda par la fenêtre. Dehors, la pluie remplaçait le soleil, la lumière se faisait hivernale. Il demanda un nouveau verre d'eau et se relança :

– Bon, ces trois types ont vendu leur trouvaille autour du monde en passant par des numismates. Je vous parle d'un ensemble de mille pièces, au moins, estimé à des dizaines de millions d'euros. Tout un trafic de fausses pièces... On dit même que certaines monnaies ont été fondues pour vendre l'or au poids, à des dentistes d'Ajaccio pour des couronnes, à des marins pour des chaines d'amarrage ! Mais je n'y crois pas trop... Enfin, passons, la police a mit la main sur une infime partie du trésor. Le plat en or a finalement été saisi, il est sous bonne garde dans un coffre-fort, mais manque toujours une découverte de choix : la statuette. Vingt kilos en or. Un des plus grands trésors de l'antiquité romaine ! Vieux de dix-sept siècles. Vous vous rendez-compte ?

Les yeux de Salomon s'illuminaient. Luna et Mattéo forcèrent un peu leur stupéfaction. Dans cet hôpital d'Ajaccio, c'était quand même un peu difficile de se projeter sur un chef d'œuvre pareil. Ils comptaient : dix-sept siècles, soit trois cent ans après Jésus Christ, en plein Empire romain. Oui, c'était vertigineux.

– Je plongeais là depuis des années, reprit Salomon. Un jour, j'ai surpris les trois types au retour de leur pêche miraculeuse. Ils rentraient juste de la crique en bateau et s'interpellaient sur la plage. « Je te dis qu'une statuette comme ça c'est unique au monde, » lançait l'un. « Sans doute de l'or pur, elle mesure au moins un mètre, on revient demain avec le matos », abondait l'autre... Je voulais leur faire la peau. Après tout, c'était *mon* trésor. Mais j'ai réfléchi.

– *Votre* trésor, osa l'interrompre Mattéo. Vous dites ça comme si vous connaissiez son existence bien avant ces types ?

– Mattéo, ne me coupe pas ! fit Salomon impatient. Cette partie de l'histoire est compliquée, je n'ai pas la force de rentrer là-dedans maintenant. En gros, je cherchais ces pièces et cette statuette depuis la fin de la guerre. Mais moi, je n'ai pas eu leur chance. Il n'y avait pas d'épave, le trésor reposait dans les sédiments, c'était l'aiguille dans la botte de foin... Bon, ce qui compte, c'est la statuette. J'ai réfléchi, donc, et j'ai prévenu mon ami de la résistance, Vicente.

Le grand-père du gorille, se remémorèrent en même temps Luna et Mattéo.

– Nous sommes revenus en pleine nuit par bateau. J'avais échoué avec les pièces en or, mais pas question de rater cette statuette qu'ils disaient « unique au monde ». Chacun avait sa lampe de plongée. Et, franchement, on s'est bien vite rendu compte que la partie allait être difficile pour deux papis comme nous !

Luna observa ses mains constellées de taches brunâtres et ses doigts boursouflés de vieillesse. Salomon continuait :

– On a plongé sans se décourager pendant une heure, puis deux, trois, jusqu'à un épuisement total. La statuette se trouvait sous un banc de sable, cachée comme Toutankhamon dans son sarcophage, vous comprenez ? Et puis, miracle, Vicente s'est mis à crier à travers son tuba. Les trois types l'avaient camouflé sous un filet militaire. On ne voyait rien, sauf le haut du crâne qui dépassait. La tempête l'avait un peu dégagée, mais le reste du corps restait enfoui, solidement retenu par la grève. On s'est mis à creuser comme des fous, à la main et au couteau, centimètre par centimètre, la statuette se mélangeait à la rocaille, c'était pas facile, mais bref, on a réussi à libérer ce chef-d'œuvre de la mer... à la surface, on a eu les larmes aux yeux avec Vicente. La figurine était en or, elle pesait un poids incroyable et mesurait près d'un mètre. Dans son dos, on voyait des traces d'ailes brisées, son regard nous transperçait, c'était magnifique.

– Vous voulez dire que la statuette se trouvait en parfait état, après dix sept siècles sous l'eau ? questionna Mattéo.

– L'or ne rouille pas, précisa Luna dans son dos.

– Oui, sourit Salomon. On est rentré, j'ai posé la statuette sur la table de la cuisine, et j'ai tout de suite compris.

Il lança un regard à Luna, comme si la jeune fille était plus à même de comprendre son récit à partir de ce moment.

– Ma mère était très pieuse. Elle me répétait que pour me calmer je devais lire un verset des Psaumes chaque jour. Eh bien, j'ai regardé la statuette, et moi qui n'ai pas eu d'enfant, j'ai juré qu'elle ne me quitterait jamais. Depuis, on vit ensemble tous les deux. Ce jeune homme est beaucoup plus vieux que moi, dix-sept siècles ça compte quand même.

Avec humour, Salomon leur expliquait qu'il recelait un trésor de l'humanité, qu'il n'avait pas songé un instant le vendre à des trafiquants d'art, et qu'il ne le cèderait pas non plus aux autorités.

– S'il m'arrive quelque chose, conclut-il alors en direction de Mattéo, je veux que tu veilles dessus. Tu as vu notre tombeau familial au cimetière marin ? Tu te débrouilles, mais je te fais confiance. La statuette doit rejoindre les Chétrit. Tu la glisses ni vu ni connu dans mon cercueil, ou tu te débrouilles après en ouvrant la pierre tombale.

Luna et Mattéo échangèrent un regard stupéfait. La fièvre ? Les conséquences du coup porté à la tête ? *U vecchju* délirait ?

Pas du tout.

– Je veux la protéger. Les trois plongeurs sont des grands bavards. Ils ont mis beaucoup de gens au courant : des chercheurs de trésor, des indépendantistes qui cherchent de l'argent frais. Un tas d'imbéciles, s'ils mettaient la main dessus, seraient capables de la fondre pour en monnayer l'or. Tu dois la cacher dans ma tombe. Qui sait si dans des siècles et des siècles des Corses plus sages tomberont sur nous... Peut-être aussi que la mer va monter et nous recouvrir...

20

Contrairement à ses sombres prédictions, Salomon recouvra rapidement toutes ses forces. Il regagna son domicile après seulement une semaine d'observation. L'inspecteur Condé lui rendit alors visite, une simple formalité, *U vecchju* n'apparaissait dans son enquête que dans le cadre de cette course poursuite avec « Alanu » Bassani, petit-fils de son compagnon de résistance Vicente.

Entre temps, Luna et Mattéo avaient été entendus au Commissariat de Police judiciaire. Chacun reconnaissait le gorille comme le guetteur au moment de l'assassinat de l'homme d'affaire Simon Bruni devant la Collectivité. Condé avait donc mis sous les verrous le guetteur et le tireur aux Doc Martens. Pour boucler son affaire, ne lui manquait plus que le pilote de la moto. Son arrestation était une question de jours, de quelques semaines maximum, assura-t-il à Garance. La vie au maquis nécessite de nombreuses complicités. Il se ferait trahir un jour ou l'autre. Ou descendre par des hommes liés au clan de Simon Bruni.

« La vendetta corse se déployant dans le bleu du firmament telle l'aile noire et funeste d'un corbeau. » Très inspirée, Garance choisit cette formule pour conclure sa série de reportages consacrés à toute cette affaire.

Son enlèvement l'avait placé sous le feu des médias. Des parisiens étaient venus l'interroger, jusqu'aux équipes de télévisions italiennes qui voyaient dans son histoire une vraie leçon pour le public transalpin. On la solliciterait encore longtemps pour des débats, belle, courageuse et intelligente comme elle était. Du coup, on lui proposa un poste de rédactrice en chef au journal, mais non merci, trop peur de finir elle aussi bouche cousue, elle préférait la liberté des reportages.

Rien n'avait été calculé, n'empêche que Garance prenait le flambeau des femmes corses refusant la violence. Des héroïnes ordinaires qui se dressaient contre les armes, les menaces, la peur et la fatalité. Une fois, sur France Inter, on l'entendit dire : « En Corse, les femmes, c'est fait pour souffrir. Je suis devenue *victime* comme ont été victimes ma mère, ma grand-mère, mes voisines et mes amies qui ont été brisées et sacrifiées par le culte morbide de la virilité des hommes. Une vie de femme, ce n'est pas ça ! »

Luna était si fière d'elle. Sa mère, cet enfant terrible, cette passionnée, cette révoltée, apparaissait même dans les conversations lycéennes du Fesch. Sa nouvelle célébrité déteignait forcément sur elle. On la regardait avec une certaine admiration. Mais il y avait une ombre au tableau : la tondue de Borgo, la honte qui la saisirait si l'histoire de Mina devenait publique.

Puisque Mattéo se contentait d'une « chose terrible », il fallait s'assurer du silence de Salomon. Elle lui téléphona et se retrouva chez lui, rue Sainte-Lucie, cinquième étage.

– Tu es là pour ta grand-mère ? déchiffra *u vecchju* dès son entrée. Tu veux boire quelque chose ? Attends-moi sur la terrasse, il fait bon, profite de la vue.

Salomon sentit les yeux de Luna sur son dos alors qu'il boitait légèrement en direction de sa cuisine.

– Un jus d'orange, ça te va ? fit-il en ouvrant son frigo.

Luna acquiesça à voix haute, un peu déstabilisée par cet appartement vraiment modeste, sans confort, dont le seul luxe était ce prolongement sur l'extérieur offrant une belle vue sur le port. Elle prit place dans un fauteuil, mais plutôt que de profiter du panorama, elle fouilla des yeux le salon à la recherche de la fameuse statuette.

– Mattéo est passé voir la statuette hier, dit Salomon qui semblait décidément lire dans ses pensées. Il t'a dit ? Je te fais les présentations après.

Il toussa fortement, se prit les côtes de douleur, et enchaîna :

– Ta mère est au courant pour Adèle ?

– Oui, mais j'ai l'impression qu'elle préfère rester dans le flou. Elle est toujours assez lyrique, vous savez, elle parle comme elle écrit. « Luna, tu crois vraiment qu'il faut se précipiter dans le puits noir et sans fond de la vérité ? » Texto, c'est ce qu'elle m'a dit !

Cela fit sourire Salomon et chassa sa souffrance.

– Et toi, tu veux savoir ? Je comprends. J'étais pareil à ton âge. Je ne supportais pas les mensonges, j'avais soif de vérité, de justice. C'est comme ça que je me suis retrouvé devant la belle Adèle.

En confiance, Salomon lui raconta tout : de la mort de Francette à la fuite de Macri, ce séduisant Marcello dont sa grand-mère était amoureuse en service au palace, un homme bon, engagé sous la contrainte, qui voulait même rendre justice à sa sœur Francette, et qui n'avait pas eu le temps de coincer Ange Fabiani, ce corse engagé dans la SS.

Luna irradiait désormais. Mina avait subi ce calvaire, il n'y avait rien à lui reprocher. Elle était entrée en collision avec cet Italien, un coup de foudre, un amour de jeunesse...

Elle ne doutait pas de la sincérité de Salomon. Avant même qu'il eut terminé, sa décision était prise : pas un mot à Mina, inutile de remuer le couteau dans la plaie. Sa souffrance lui donnait plutôt l'occasion d'un nouveau thème au Concours national de la résistance et de la déportation : les femmes tondues en Corse. C'était plus correct de laisser « Corse, île des Justes ? » à Mattéo. Avec le témoignage de Salomon, il pouvait remporter le prix individuel lycée et recevoir sa récompense à la Préfecture. Restait quand même une chose à partager.

– Vous savez, j'ai deviné, pour Majid. C'est triste quand même, de se cacher comme ça.

– Surtout que son grand-père s'est battu pour libérer la Corse. Il s'appelait Hassan Tazi. Je l'ai sans doute croisé...

– Je ne savais pas. Mais puisqu'il se sent mieux comme ça, je vais respecter, ne rien lui dire.

– En même temps un nom de famille, tu sais... Ce n'est pas très Corse, ni très Juif d'ailleurs, comme raisonnement mais pourquoi s'y accrocher si le poids est trop lourd ? Entre la honte, la fierté, les gens n'en finissent jamais avec leurs ancêtres. Sans doute que pour bien vivre il faut tout couper. Quand on s'appelle Majid, ou Salomon, difficile de faire croire que l'on vient de Corse. Et pourtant il n'y a pas plus Corse que nous deux ! Si Majid Tazi réussit, tout le monde l'appellera *Mat2A*. C'est beau de gagner un pseudonyme d'artiste, tu ne trouves pas ? Qui se souvient du vrai nom de Picasso ?

Luna venait juste de se réconcilier avec sa mémoire familiale que déjà le vieux sage en face d'elle lui conseillait de prendre ses distances. De voir et respirer le monde. De devenir adulte en somme.

Le soleil s'éclipsa derrière la gare ferroviaire. L'ombre s'étendait maintenant sur eux, le portable de Luna se mit à sonner dans son sac.

– Tu ne réponds pas ? Je t'en prie...

– Non, excusez-moi. C'est Mattéo... J'éteins.

Frissonnants, ils se lancèrent des regards un peu perplexes.

– On rentre ? suggéra Salomon.

Des livres trainaient partout dans le salon, un chat se glissait parmi les meubles anciens, ça sentait le tabac, les alcools forts et les crèmes puissantes à base de menthe et d'eucalyptus. Luna se faufila à la suite de Salomon qui claudiquait légèrement. Elle découvrit la chambre, où trônait la statuette. Un garçonnet nu sur sa base, le corps potelé comme un bébé, lisse, brillant de mille feux, sans la moindre trace de corrosion, avec un visage d'une infinie délicatesse. Les doigts de pieds, les ongles, les cheveux, les angles et les traits apparaissaient dans une pureté incroyable, sains et saufs, comme si ce chef-d'œuvre sortait tout droit des mains du sculpteur.

Luna se fixa sur le regard profond et étrange.

– Tu connais la phrase de Bonaparte ? « Soldats, songez que, du haut de ces pyramides, quarante siècles d'histoire vous contemplent. » Dix-sept siècles te contemplent, Luna.

Aucune réaction. Comme elle restait là à ne rien dire, sans bouger, il reprit en voulant la rassurer :

– Tu comprends maintenant pourquoi je veux le protéger, pourquoi je ferais tout pour que personne n'y touche ?

– Et les musées Salomon ? dit-elle finalement très crispée. C'est un chef d'œuvre qui appartient à l'humanité. Vous ne pouvez pas le soustraite au public. Non, vous ne pouvez pas faire une chose pareille.

Piqué au vif, *u vecchju* s'approcha, la fixant sans rien dire.

– Il suffit d'appeler un représentant du Ministère de la culture, ajouta crânement Luna. Je me sais qu'il y a un département de recherches archéologiques sous-marines à Marseille. Là-bas, ils sauront protéger la statuette.

– Telle mère, telle fille, hein ? Suivre le droit chemin en toutes circonstances... Tu vas me dénoncer ?

– Bien sûr que non ! Comment pouvez-vous penser une chose pareille ? Vous avez secouru ma mère. C'est grâce à vous que cette histoire s'est bien terminée. Vous êtes gentil...

Salomon secoua la tête et ses lèvres se figèrent.

– Allons, je ne suis pas si gentil. Peut-être que je voulais surtout protéger le petit fils de Vicente.

– Et la fille de la belle Adèle, protesta faiblement Luna.

– Peut-être, oui. Bizarrement, les époques se sont toutes mélangées ces temps-ci. Majid t'a parlé de sa virée nocturne dans Ajaccio ? Je lui ai demandé de peindre un soldat SS un peu partout en ville, un dessin pour dénoncer un nazi, que je tiens responsable de la mort de Francette. C'est lui qui m'a mis sur la piste du trésor. Il avait un complice, un officier des Chemises noires, ils ont trouvé des centaines de pièces... Alors, tu vois, des années plus tard, j'ai voulu m'amuser... Mais j'ai été un peu loin. Ses fils sont des gens importants. Manquerait plus qu'ils remontent à Majid. Qu'ils posent des questions. Qu'ils se souviennent du trésor. Alors, tu lui diras à ton fiancé. Il m'oublie. Il se garde de venir me voir. Il me laisse tranquille avec mon *marmot*. Je peux me débrouiller sans lui. Je trouverais bien avant ma mort quelqu'un pour cacher mon trésor. Au revoir, mademoiselle.

La confiance s'était rompue d'un coup. Le regard dur, droit comme un i, Salomon avait pris conscience qu'il était à la merci de Luna et Mattéo, que ces deux jeunes gens pouvaient facilement l'envoyer en prison pour recel. Il inventait une menace – peu de chance que les fils du SS Fabiani remontent à Mattéo – car cette idée de graffitis sur les murs de la ville aggravait plutôt son cas à lui. Elle ravivait le souvenir du meurtre du notaire et donnait un mobile au crime : ce fameux trésor. Et s'ils venaient à l'esprit d'un enquêteur de rouvrir ce vieux mystère ?

Salomon était très en colère. Tout pouvait se retourner contre lui, après tout. Il était trop choqué à l'hôpital pour envisager ça. Quel imbécile ! Placer sa confiance entre les mains des deux gamins, qui plus est la fille d'une journaliste, qu'est-ce qui lui avait pris ?

Luna jeta un dernier coup d'œil à la statuette et prit congé sans hésiter.

Dès l'ascenseur, ses jambes se mirent à trembler. Salomon avait vu juste. Maintenant qu'elle avait eu la statuette en face d'elle, qu'elle savait qu'un trésor de l'humanité se trouvait au cinquième étage d'un vieil appartement ajaccien, il lui était impossible de se taire. Mattéo-Majid ferait ce qu'il voudrait, mais elle n'abonderait jamais dans le sens de *u vecchju*. Elle ne pouvait se mentir à elle-même. Elle était cette bonne élève, honnête...

L'image de sa mère écrivant ses articles s'imposait à son esprit. Cette femme penchée sur son ordinateur, c'était la représentation de l'intégrité. Garance était quelqu'un de déterminée à faire éclater la vérité, coûte que coûte. Salomon avait tout compris quand elle avait prononcé son nom. Telle mère... telle fille ! Impossible de mentir. Au plus profond d'elle même, elle voulait suivre les règles. Impossible de couvrir un recéleur. Elle ne craignait plus de passer pour une « balance ». Oui, elle était sincère quand elle avait répliqué que « jamais de la vie », elle ne dénoncerait Salomon. Mais c'était par bravade, avant qu'elle ne réfléchisse posément à la morale de cette histoire, avant que Salomon ne montre qu'il ne voyait pas le monde comme elle, qu'il se moquait des règles, qu'il promenait partout des yeux durs de rapaces et une violence contenue dans tout le visage.

Pour agir, il suffisait maintenant à Luna d'un coup de fil à Marseille. Le simple fait d'avoir mentionné ce département d'archéologie sous-marine prouvait son obéissance aux règles, à la Loi.

Dehors, elle comprit qu'elle ne devait pas tergiverser. Soit des véhicules de police fonçaient chez Salomon, soit elle laissait le fringant octogénaire cacher la statuette dans un coin reculé. Et avant d'obtenir ses aveux...

Elle n'allait surtout pas mêler Mattéo à ça. Il ne comprendrait pas. Elle ralluma son portable, mais n'eut aucune envie d'écouter son message. Si elle le rappelait, il pourrait l'influencer.

Elle réfléchissait tellement à la statuette qu'elle n'avait pas remarqué que sa marche la conduisaient en centre-ville. Il lui suffisait d'entrer au commissariat central, de demander Condé, mais une voix l'interpella devant le musée des Beaux Arts.

– Bonjour Luna, tu viens voir l'exposition ?

Elle luttait contre un vertige de plus en plus violent. Relevant la tête, elle découvrit le visage de Louis Martin, son prof d'histoire. Derrière lui, une affiche annonçait l'ouverture de l'exposition *Un Rêve d'Italie*.

– J'en sors, tu vas voir, c'est passionnant, s'exalta-t-il. On découvre la collection d'un marquis, un bienfaiteur qui a réuni des œuvres de toutes les époques, principalement antiques. On pourrait craindre l'accumulation, et au contraire c'est la preuve que l'art est un éternel recommencement. Nous sommes avec les peintres de la Renaissance, mais les héros ou héroïnes semblent sortir tout droit de la Bible ou de l'Antiquité.

Plus une minute à perdre ! se dit Garance. Louis Martin était loin de l'imaginer, mais il faisait passer un message à son élève. La statuette avait toute sa place dans musée. C'était une œuvre si puissante ! Le public devait rapidement la contempler, aux Beaux-Arts d'Ajaccio, pourquoi pas ! Aux historiens de l'art de se pencher dessus, de reconstituer son histoire.

– Ce marquis a dépensé des sommes folles, poursuivit le prof d'Histoire, c'est sans doute le plus grand collectionneur privé qu'a connu le XIXe siècle... Mais qu'est-ce que tu as Luna ? Tu te sens bien ? Tu es si pâle.

Son téléphone sonna, et cette fois-ci elle décrocha.

– Allo ? Allo ?

Un silence sur la ligne, un raclement de gorge, puis :

– Allo ! Allo ! Mais ça ne marche pas ce truc. Tu es là Luna ?

Sa grand-mère, précisément ! Reconnaissable à un tic de succion, et en pleine forme à juger la voix qui frémissait.

– Oui, Mina, c'est moi, je t'écoute.

– Ne fais pas de bêtise, ma petite fille. Salomon vient de me téléphoner. Je t'interdis, pour la statuette, tu m'entends ?

Luna ne comprenait rien. Elle fit un petit signe et un sourire faux à Louis Martin qui s'éloignait.

– Tu peux venir me voir demain ? Je t'expliquerais. Tant qu'à faire, arrive avec le petit Arabe, ce Mohamed. Je vous paie l'avion à tous les deux, ne t'inquiètes pas.

– Majid, Mima. Et « ce petit Arabe », il est Corse !

Luna s'exprimait avec un fort accent marseillais qui décontenançait toujours Luna. Cette façon de parler de son amoureux la mettait hors d'elle aussi. Mais se frotter à « la belle Adèle », elle n'allait pas manquer cette occasion.

21

L'immeuble à la lisière du Panier et du Vieux-Port ne payait pas de mine. Luna et Mattéo contournèrent les poubelles qui traînaient devant l'entrée et s'engouffrèrent dans le hall glacé. Un violent mistral secouait Marseille. L'avion n'avait fait que tanguer entre Ajaccio et la cité phocéenne, ils se sentaient crevés et nauséeux tous les deux. Levés à l'aube, déposés par Garance à l'aéroport Napoléon-Bonaparte, ils se demandaient par quel miracle ils avaient échappé à un crash.

Un escalier patiné menait au premier étage. À l'arrivée, ils respirèrent une odeur de friture qui s'immisçait par la porte. Luna sonna à la porte. Apparut au bout de quelques minutes une étrange femmes aux cheveux parcourus de mèches violettes, une créature très parfumée, très maigre, au visage peinturluré de bleu aux paupières, de rouge aux lèvres. Elle regarda Mattéo droit dans les yeux et lui tendit la main :

– Je suis ravie de faire votre connaissance.

Mattéo la dévisagea sans ciller. Une sensation confuse l'envahissait. Dans l'avion, Luna lui avait résumé le sort qui avait été réservée à la « tondue de Borgo ». Bien des années plus tard, quelque chose dans cette vieille femme lui faisait froid dans le dos. Une noirceur, ensemencée depuis longtemps, ne l'avait pas quitté.

– Bonjour, dit-il d'une voix blanche.

Luna embrassa sa grand-mère sans effusion et la contourna aussitôt pour filer dans la cuisine préparer du café. Accompagné au salon, Mattéo observa les détails de l'ameublement, un intérieur bourgeois, entre tableaux et mobilier soigné. Il avait l'impression d'entrer dans un monde figé dans le passé. Même l'odeur de propre, un mélange de cire et de Javel, sortait d'une autre époque. Il eut une pensée pour son grand-père Hassan, même génération que Mina, mais mort depuis si longtemps, figé dans le cadre d'une photo en uniforme de goumier sur un mur du salon.

Un silence théâtral s'installait. Dehors, le mistral balayait les rues et faisait claquer les volets.

Un long moment s'écoula, le temps que Luna revienne avec des tasses, une cafetière pleine à ras bord et de vieux gâteaux rassis.

– Je vous en prie jeune homme servez-vous, concéda Mina.

« Elle le regarde et le trouve très beau », songea Luna qui cherchait trace de la « belle Adèle » au plus profond des yeux de Mina. Et si elle voyait une forme d'admiration pour le physique de Mattéo, presque une envie qui s'obstinait sous les paupières ridées, elle devinait aussi une grande colère qui embrumait le crâne de Mina. D'une voix toujours policée, mais glaciale, cette dernière reprit :

– Comment peux-tu imaginer trahir Salomon ? Tu le tuerais, le pauvre homme. Ah, je vois bien d'où tu sors ! Ma fille et ses grands principes ! On voit qu'elle n'a pas souffert, qu'elle a tout possédé, maqué de rien, jamais souffert... Sans se poser de questions, bien sûr, trouvant ça normal que la paie d'un patron-pécheur suffisent à une éducation bourgeoise.

Son dentier faisait des petits claquements et ses mains sèches, aux grosses veines saillantes, tapaient régulièrement le coin d'une petite table. Luna l'écoutait en pensant que, malgré les liens du sang qui les apparentaient, en dépit des ressemblances avec sa mère, elles étaient parfaitement étrangères l'une à l'autre, vivant dans un espace-temps radicalement opposé. Elle maîtrisait son trouble, se doutant que ce qui allait suivre n'aurait rien de plaisant.

– Écoute-moi bien, relança-t-elle avec un regard glaçant. Sauveur Ceccaldi, Dieu ait son âme, n'est pas mon seul sauveur... Salomon ne t'a pas tout dit. Tu imagines bien qu'il y a une explication à notre richesse.

Richesse. Le mot surprit Luna. Elle n'avait jamais eu un sentiment d'opulence lors de ses séjours à Marseille. Mais bon, la belle voiture, le magnifique voilier amarré au Vieux-Port, maintenant qu'elle y réfléchissait... Mina réfléchit encore un instant et tourna les talons en direction de sa chambre. « Attendez-moi ». La voix se faisait un peu plus tragique. Elle était loin de vaciller, mais on la sentait quand même un peu fébrile.

À son retour, elle tendit une pièce à sa petite fille.

– Prends, maugréa-t-elle. C'est la dernière qu'il me reste.

Le rouge monta instantanément aux joues de Luna. Elle n'avait pas besoin de retourner dans tout les sens cette monnaie. Le poids suffisait. La confession de Salomon dans sa chambre d'hôpital lui revenait en flash. Le trésor de Lava ! Comment Mina pouvait-elle – elle aussi ! –, se retrouver en possession d'un Aurei ?

– C'est de l'or ? questionna-t-elle machinalement.

– À ton avis ?

Le ton légèrement moqueur déplut à Luna. Salomon et Mina étaient complices, ça allait plus loin que leur rencontre après guerre, cette convocation à Marseille en témoignait. Mais ces deux-là associés autour du trésor, là, elle ne comprenait pas. Elle en restait à la confidence du *vecchju* dans sa chambre d'hôpital et se souvenait qu'il n'avait pas voulu s'étendre sur la façon dont il avait été mis sur la piste du trésor, une « partie de l'histoire compliquée », datée de la fin de la guerre.

– Oui, raconte-nous, fit-elle d'un ton impatient.

– Alors ne me coupe pas ! Salomon a joué le tout pour le tout hier en me téléphonant. Il a trouvé mon nom grâce aux renseignements.

Luna opina, pas question d'interrompre sa grand-mère.

– Pour les vieux, les années ne comptent pas pareil. Salomon s'est présenté comme si rien ne s'était passé depuis soixante ans. Je me souvenais de lui, bien sûr, juste avant mon départ de Borgo. Il m'a expliqué qu'il venait de sauver ma fille, qu'en quelque sorte j'étais en dette : à mon tour de le protéger avec sa statuette. J'ai accepté, bien sûr, mais il n'a pas vu mon grand sourire.

Ce trésor, celui des trois zozos, là, qui paradent partout en Corse, moi aussi je l'ai trouvé…

Depuis l'hôpital, et les confidences de Salomon, Mattéo se disait qu'il plongerait comme un fou du côté du Capo, dès le printemps, quand la mer serait limpide. Mais si la grand-mère de Luna s'y mettait elle aussi. À quoi bon racler les fonds ? À la fin, combien étaient-ils à chasser ce butin ? Il ne put s'empêcher d'aller droit au but :

– Vous l'avez découvert en mer, ce trésor, ou par l'intermédiaire de ce SS Corse ? Hier, Salomon a révélé à Luna que ce sale type avait avait un complice chez les Chemises noires. Mina, ça vous connaît, les Italiens, peut-être que lui aussi…

– Comment oses-tu ? se pétrifia Mina.

– Mattéo, je t'en prie, renchérit Luna.

– Bon, je peux terminer ? Ce n'est pas ce que tu crois… Mohamed.

– Majid, Mina !

Luna réagit fermement, à la surprise de « Matteo ». Elle savait ça aussi, comprit-il. Merci Salomon… Peut-être qu'avec elle il devait maintenant accepter sa véritable identité. Mais Mina poursuivait, reléguant au loin cette pensée.

– Il s'est passé du temps entre ma rencontre avec Sauveur et la naissance de ta mère, rugissait la vieille dame. Quinze ans ! Quinze ans à résister à l'attraction, au désir, à l'amour. Car il me tournait autour, me suppliait, ne lâchait rien.

La vieille dame avait brusquement un air de jeune fille. Elle rosissait. Mais de quoi parlait-elle ?

– Quand Marcello m'a retrouvé à Marseille, se mit-elle enfin à préciser, je l'ai supplié de me laisser tranquille. C'était trop tard, j'avais un mari. Mais il s'est installé tout près de chez nous et m'a fait la cour pendant des années. J'ai refusé toutes ces avances, croyez-moi, Sauveur s'était montré si gentil, je ne pouvais pas lui faire ça... Même si rien ne marchait entre nous, que la pêche occupait toute sa vie, qu'il n'était jamais là, que notre lit était si froid... Marcello est un chien fou. Quinze ans, mes petits ! Il était devenu professeur d'Italien dans un lycée de Marseille, il avait obtenu sa nationalité française, et je refusais toujours de lui parler. Et puis un jour, je dépérissais tellement, je me rendais si malade que j'ai compris que j'allais mourir, ou finir à l'asile. J'ai enfin succombé, peuchère. Et un peu plus tard je suis tombée enceinte... Sauveur n'a jamais su pour « sa » fille. Il avait pourtant ma trahison sous le nez.

Le mistral faisait trembler les vitres dépolies du vieil appartement. Luna détourna la tête en leur direction, comme pour respirer, avec l'espoir de recouvrer des pensées raisonnables. Ainsi son grand-père n'était pas son grand-père, ainsi le géniteur de Garance s'avérait un sous-officier des Chemises noires.

Incrédule, elle se tenait immobile, réfléchissait, et finit par demander :

– Mais le trésor, quel rapport ?

– J'y arrive ! rabroua Mina. Mais avant vous devez vous rendre compte mes petits J'ai mené une vie aux abois, une double vie fatigante, décourageante. Comme je m'en voulais ! C'était impossible pour moi : si je mettais en ménage avec Marcello, c'est la « tondue de

Borgo » qui refaisait surface. Celle qui couche avec un Italien.

Luna et Majid se regardèrent douloureusement. Des gens médiocres, cruels, avaient volé sa jeunesse et sa légèreté à Borgo. Le temps passait, bien sûr, mais ceux de Marseille se seraient-ils montrés plus bienveillants ? De leurs regards perdus, ne sortaient aucune réponse.

– Alors, le trésor... Au fond c'est assez simple. Le palace où je servais, ce Grand hôtel Continental, il abritait des parties fines. Un martin, Marcello a surpris ce fameux SS, Fabiani, en pleine conversation avec le parrain de son fils, son complice des Chemises noires. Les deux ne se méfiaient pas. Ils étaient dans une suite, des jeunes femmes dénudées dormaient à leurs côtés, la porte était entrouverte... Après la guerre, Marcello s'est mis en chasse. Salvani était recherché pour crime de guerre. Il a fini par le retrouver dans un village des Pouilles.

Une pause. Les yeux de Mina brillaient encore plus fort, et quand elle se remit à parler, ce fut presque dans un murmure. Luna et Mattéo se penchèrent pour l'entendre continuer. Des mots âpres :

– Marcello n'a pas voulu le tuer ni le dénoncer. Il s'est approprié une bonne part du gâteau contre son silence. Il a vendu une partie des pièces pour faciliter son installation à Marseille, des monnaies qui se sont retrouvées à Monte-Carlo, occasionnant un scandale. Il a été plus malin pour les autres, cédées autour du monde. Marcello a offert un voilier à sa fille, les études, tout ce dont elle rêvait. Tout ce que je voulais aussi, une façon de me consoler des hommes de Borgo. Marcello s'en voulait terriblement de m'avoir abandonné... Sauveur, de son côté, n'y a vu que du feu. Je lui disais que j'héritais de Corse. La vie est étrange, finalement. Quand il s'est éteint, je me suis dit qu'enfin j'allais vivre avec mon amant. Et puis, non impossible, chacun avait ses habitudes.

Un frisson fulgurant parcourut Luna. Les larmes remontaient sa gorge. Sans ce coup de fil de Salomon hier, Mina aurait persévérée dans le mensonge. Jusqu'au tombeau.

Personne ne bougeait plus.

La vieille dame conclut avec un sourire et un éclat de malice presque juvénile :

– *Cristacciu*[1], tu as compris. Que tu dénonces Salomon, et tu dénonces tes grands-parents ! Je t'en prie, raconte toute cette histoire à ta mère. Mais réfléchissez bien toutes les deux aux conséquences.

Le monde s'arrêtait de tourner. Luna et Majid restèrent quelques secondes à se regarder. Le visage grave, Majid la prit par l'épaule. « Maintenant tu sais la vérité, c'est bien », dit-il finalement en la calant contre lui, comme pour la soutenir. « Tu t'en fiches de leurs histoires, hier n'a pas d'importance, tout ce qui compte c'est toi, ce que tu seras à partir de maintenant. Qu'est-ce que tu en dis ? »

Majid était convaincant dans sa façon de surmonter les évènements, d'inciter Luna à ne pas ressasser, à ne plus céder au tragique, àranger les fantômes dans les étagères du passé.

1. Sale Christ, juron corse, nullement blasphème.

Jusqu'à un certain point.

La statuette ?

Il fallut plusieurs minutes pour que l'un et l'autre acquierent cette certitude : tant que Mina et Salomon seraient vivants, ils ne diraient rien à Garance ni à personne. L'angelot trônerait dans cette chambre de vieillard près de la gare d'Ajaccio car, pour qu'un nouveau monde surgisse, il faut d'abord que meurt l'ancien. Tout le monde en Corse s'accordait sur cette règle de vie. Luna n'avait plus envie d'y résister. Les vieux avaient gagné ! Elle reconnaissait sa défaite. Après tout on ne peut pas invariablement voir la vie en *juste*, sans se tordre, un peu.

Sa nervosité se dissipa. Oui, ils verraient bien après, à la mort des deux ancêtres.

Gagné par l'ombre d'un orage, l'appartement plongeait maintenant dans le noir. Chacun se resservait en café quand une clef tourna dans la porte. Dans un silence de cathédrale, apparut alors un vieil homme très élégant, grand et visiblement ému.

– Marcello, je te présente ta petite fille, fit la tondue de Borgo en souriant de plus belle.

Note de l'auteur

Ma liberté romanesque va de pair avec une enquête littéraire, un travail autour de faits réels que je revendique le plus scrupuleux possible. Déroulant ce fil historique du judaïsme *corse*, j'ai tenté de dépasser la mythologie, de multiplier les points de vue. Pour moi, une chose est certaine : la résistance en Corse fut glorieuse. Je me sens proche de Noëlle Vincensini, résistante de dix-sept ans, arrêtée par la Gestapo, déportée à Ravensbrück, militante anti-raciste et fondatrice en 1985 du Collectif *Ava Basta* qui se bat avec ses *pacere* pour une Corse plus tolérante et démocratique.

Mais pour s'affranchir des légendes, je crois qu'on ne peut manquer une autre réalité aussi : le sinistre SS Ange Fabiani de mon roman est né d'un patchwork d'hommes qui ont malheureusement bel et bien existés. Je songe à Pierre Constantini, co-fondateur de la LVF, inhumé en 1986 à Sartène. Et bien sûr au personnage incontournable de cette période, l'éminence grise de Marseille dans l'entre-guerre, l'infâme borgne Simon Sabiani, proche de la pègre, de Doriot et de son PPF. Condamné à mort par contumace à la Libération, ce sale type s'est réfugié en Italie, en Argentine puis en Espagne. Son corps rapatrié dans son village de Casamaccioli a donné lieu à des funérailles très suivies en octobre 1956 et un discours élogieux du maire de Corte (*in* La collaboration au Niolu. 1940-1956, Les Amis de la résistance en Corse du sud). Une pensée aussi pour certains Corses de Paris, où ce ne fut pas fameux non plus. Le gangster Paul Bonnaventure Carbone, natif de Propriano, était au service de la Gestapo. À ses obsèques, en 1943, le jeune Tino Rossi a entonné *l'Ave Maria*. Apparemment, ça ne le dérangeait pas trop de fréquenter le service d'ordre du PPF, des hommes de Carbone.

Inévitablement je suis redevable à des auteurs qui ont nourri mon univers. Merci en particulier à ceux-là :

Florence Berceot, *Une escale dans la tempête, Des Juifs palestiniens en Corse (1915-1920)*, Archives Juives, les Belles lettres, 2005.

Jean-Pierre Simoni, *L'année des Chemises noires*, Albiana, 2005.

Marie Françoise Stefani pour le trésor de Lava, *En Corse, une plongée vers l'or*, Le Monde, 26 septembre 2017.

Stéphane Piatzszek, *L'île des Justes – Corse été 42* (BD), Glénat, 2015.

Paul Filippi, *Par un après-midi d'octobre*, enquête-reportage sur les femmes tondues en Corse, France 3 Corse Via Stella, 2013.

Les rédacteurs du site des Amis de la Résistance en Corse du sud (ANACR).

Didier Long, « Mémoires juives de Corse », Lemieux Éditeur, 2016.

Enfin, je veux remercier mes complices indispensables sur ce livre. Gilles Cohen Solal mérite une ovation pour m'avoir soufflé l'idée de ce roman. *Pinzutu* moi-même accueilli à bras ouverts depuis trente ans du côté de Pianotolli-Caldarello, je ne remercierais jamais assez les amis qui m'aident là-bas, aussi bien que les alliés d'Ajaccio, je songe en particulier à l'accueil chaleureux reçu au lycée Fesch et à la nouvelle médiathèque des Jardins de l'Empereur. De même, une pensée pour le professeur d'histoire Louis Luciani, dont le travail minutieux aux Archives départementales de Corse-du-Sud inspire ma trame historique. On peut le retrouver dans le documentaire de Clémentine et André Campana *La Corse, île des Justes ?* diffusé par France 5 en 2013. Le personnage de Louis Martin est son double imaginaire. S'il tombait un jour sur ce roman, j'espère qu'il y verra un bel hommage...

Grazie, enfin, au *maèstru*, mon éditeur Xavier d'Almeida.

Du même auteur

AUX ÉDITIONS HÉLOÏSE D'ORMESSON

Aucune pierre ne brise la nuit, 2018. Le Livre de Poche, 2019.
Le jour se lève et ce n'est pas le tien, 2016. Le Livre de Poche, 2017.

AUX ÉDITIONS FLAMMARION

Un été blanc et noir, 2013. Le Livre de Poche, 2015.
Et ils boiront leurs larmes, 2011. J'ai Lu, 2013.

Ouvrage composé par
PCA - 44400 REZÉ

PKJ. www.pocketjeunesse.fr
POCKET JEUNESSE

MIXTE
Papier issu de
sources responsables
FSC® C003309

Pocket Jeunesse, une marque d'Univers Poche,
est un éditeur qui s'engage pour
la préservation de l'environnement
et qui utilise du papier fabriqué à partir
de bois provenant de forêts gérées
de manière responsable.

Achevé d'imprimer en France par EPAC Technologies

N° d'édition: 4550414305119

Dépôt légal: juin 2019